EL
MUNDO
DEL GUER

Por Chaim Clorfene
con David Katz

Otros libros del autor:
Confessions of a Jewish Cultbuster (Confesiones de un judío combatiente de cultos)
The Path of the Righteous Gentile (El Camino del Gentil Justo)
Mikdash d'Meshija (El Templo Mesiánico)

Para comprar copias de *El Mundo del Guer*:
visite www.worldoftheger.net

Para contactar a Rab. Chaim Clorfene:
shaarster@gmail.com
www.chaimclorfene.com

Para contactar a Rab. David Katz:
soulmazal@gmail.com

Teléfono en Israel 972(0)50 577 3444
Teléfono en Estados Unidos: 702 577 1891

Traducción al castellano:
Juan Mayorga-Zambrano, PhD
jrmayorgaz@outlook.com

ISBN-13: 978-1533046789
ISBN-10: 1533046786

Imagen de cubierta: *El Templo Mesiánico*, cortesía de Menorah Books

Reconocimientos

Con la más sentida gratitud para *Hashem Yisboraj*, nuestro Salvador y nuestro Redentor, Cuyas guía y bendiciones fueron constantes a lo largo de este gran proyecto. Y gracias a Rabí David Pesaj Katz; su coraje y erudición produjeron fruto del Árbol de Vida que permea cada palabra de este libro.

Un agradecimiento especial a Susan Strickland quien, de alguna manera, sabía que esto iba a convertirse en un libro antes que nosotros y ayudó a que sucediera.

Y estamos agradecidos con todos nuestros amigos y socios quienes también ayudaron a hacer una realidad este proyecto - Ruven (Walter) Schwartz, Ariela Clorfene, Miriam Katz por creer en la visión de Soul Mazal y apoyarla hasta su éxito, Danny y Gila Brock, Ron Van Arsdale, Dr. Juan Mayorga-Zambrano, April Janutka for su creatividad y generosa contribución de tiempo y esfuerzo, Russell y Tersa Kirk, Chad Russell, Lillian Berman Goldfarb, Tamar Yoná, el gran equipo y familia de Soul Mazal cuyos contribuyentes son tan numerosos para nombrarlos, Ross Bearden, Ken Jeffries, Jason Specht, Joe Indeminico, Rod Bryant e Ira Michaelson y su trabajo de Luz para las Naciones, Denise y Roy Raterta y los muchos guerim que ellos han hecho en las Filipinas, Amnon Goldberg, y los rabinos que nos aconsejaron en el camino: Rabí Yerajmiel Silver, z'l, Rabí Mattityahu Glazerson, Rabí Yosef Trachtman, Rabí Raphael Weingot y la familia Shalom Rav, y por la confianza de las docenas de personas quienes preordenaron el libro y mostraron gran paciencia.

ישיבת דבר ירושלים

האקדמיה הירושלמית ללמודי יהדות (ע"ר)

YESHIVAT DVAR YERUSHALAYIM

The Jerusalem Academy of Jewish Studies

ראש הישיבה : הרב ברוך הורוויץ

בס"ד

3ero de Tamuz, 5774

Julio 1, 2014

Harav Hagaon Chaim Clorfene, autor del libro *El Camino del Gentil Justo*, y Rav David Pesaj Katz, han escrito el importante libro, *El Mundo del Guer (Humanidad)*, donde clarifican la meta de los gentiles justos de las naciones, de manera que puedan alcanzar la felicidad y realización como la gente notable y justa que son. Este libro fortalecerá su identidad y reconocerán lo que es importante para ellos, especialmente ahora una vez que estamos tan cerca del cumplimiento de la profecía de Tzefoniá 3:9, "*Cambiaré a la gente a un lenguaje puro, de manera que todos puedan clamar el nombre del Señor*".

Con bendición completa,

Harav Yoel Schwartz

שְׁמַע יִשְׂרָאֵל, יְיָ אֱלֹהֵינוּ, יְיָ | יְיָ אֶחָד׃

Escucha oh Israel: el Señor es nuestro Dios, El Señor es Uno.

— Deuteronomio 6:4

"El Señor Quien es nuestro Dios, pero no el Dios de las naciones, será un Señor en el futuro, como dice en Tzefoniá 3:9, 'Porque entonces yo pondré un habla pura sobre los pueblos de manera que puedan clamar al Nombre del Señor'; y dice en Zejariá 14:9, 'En ese día el Señor será Uno y Su Nombre Uno'."

— Comentario de Rashí (Rabí Shlomo ben Yitzhak, 1040-1105)

La Ley Judía (halajá) jamás ha considerado a este 'gentil del futuro' porque no es la manera de los rabinos establecer legislación sobre una *"davar shelo ba l'olam"*, una cosa que no ha sucedido aún en el mundo. Pero hoy en día, este *gentil evolucionado* existe, quizás por primera vez desde la destrucción del Templo de Salomón hace más de 2500 años. *El Mundo del Guer* trata sobre este gentil.

En 1967, antes de la Guerra de los Seis Días, el Dr. Vendyl Jones trató de enlistarse en las Fuerzas de Defensa de Israel, pero fue rechazado porque no se deseaba poner en peligro a un civil norteamericano. Entonces, cuando la guerra comenzó, Vendyl caminaba hacia Jerusalén cuando se acercó a una trincera de las FDI (Fuerzas de Defensa de Israel) cerca de Radar Hill y, una vez más, se ofreció como soldado. El comandante se rehusó a darle un arma y en su lugar le entregó un par de binoculares indicándole que mantuviera un ojo sobre la ruta hacia Tel Aviv. Fue en este puesto de observación que el Dr. Jones divisó sesenta y seis posiciones antitanque jordanas y cuatro bunkers de personal jordano abajo en el valle, y se le atribuye haber sido un factor significativo en la victoria de Israel sobre los jordanos. Más tarde ese día, tomó un aventón hacia Jerusalén y llegó cerca del Monte del Templo justo a tiempo para escuchar el sonido de un shofar que provenía de las cercanías del *Kotel* (Muro Occidental). Él decía que ese sonido se grabó en su alma para siempre.

Y Moisés le dijo a Yetro, su suegro:

"Por favor no nos dejes, pues tu conoces nuestros campamentos en el desierto, y tu serás como ojos para nosotros", (Números 10:31)

Susan Strickland

Quiera *Hashem* abrir los corazones, mentes y ojos de los *guerim* al embarcarse en este maravilloso viaje al lugar que *Hashem* tiene para ellos en el mundo. A través de *El Mundo del Guer* tu serás bendecido con revelaciones ilimitadas que harán cantar tu corazón. Que este libro traiga claridad eterna a todos quienes lo lean y lo compartan con otros.

El Centro Netiv, Humble - Texas

El Centro Netiv (Netiv Center) para el estudio de la Torá es un centro ortodoxo de divulgación no afiliado, orientado a la comunidad no-judía. Al proveer estudios semanales de Torá y una biblioteca de investigación gratuita, Netiv se ha constituido en un vibrante centro comunitario noájida / guer. Con la siempre creciente necesidad de investigación erudita sobre la materia, los Rabinos David Katz y Chaim Clorfene traen nuevas perspectivas e iluminación a "El Mundo del Guer". Nuestra comunidad está agradecida con Rabí Clorfene por tomarse el tiempo para escribir este libro inspirador e informativo. "El Mundo del Guer" es una fuente literaria de información para todos quienes deseen conectarse con Dios a través del Judaísmo. Parece como una marejada de gente de las naciones que están dejando sus varias formas de idolatría con el propósito de tomar el yugo de Hashem. En este libro, estas personas cuentan con una fuente muy necesitada, por las escasas fuentes existentes, para que les ayude a guiar su camino. Netiv dedica este libro al alma que busca.

NETIV

www.netiv.net

שלמה בן גבריאל הכהן

Steve HaKohen Kaplan

y

רון בן גבריאל הכהן

Ronnie HaKohen Kaplan

en memoria querida de sus padres

שרה בת ר´ אליה דוד

Selma Kaplan, *alé hashalom*

Abril 27, 1928 - Noviembre 13, 1980

"por siempre en nuestros corazones"

גבריאל ב´´ר שלמה הכהן

George HaKohen Kaplan, *alav hashalom*

Abril 8, 1924 - Enero 20, 1998

"Conocerlo era amarlo"

Que sus almas sean conectadas en vínculo de vida
con las almas de los justos en Gan Eden.

Joseph and April Janutka

Con gratitud a *Hashem*, cariñosamente dedicamos esta primera edición a nuestros hijos, y todas aquellas personas de *Am Israel* cuyas vidas se intersecten con las de ellos:

Myles, Seth, Madelyn, Isaac, Leah

Que seas bendecido para encontrar en estas páginas las respuestas y guía sobre la cual nuestro camino fue establecido. Y en honor de los *Yehudim* a quienes *Hashem* puso en nuestras vidas, para ser Su Luz para las Naciones, sentidamente agradecemos a:

Rabí Chaim Clorfene
Sam (Shmuel) Peak
Rabí Chaim and Rena Richman
Rabí David Katz

Chaim Noach HaLevi Clorfene
y **Ariela Yehudis Clorfene**

En memoria de sus amados padres

ישראל בער בן מנשה מניא
שרה פייגא בת זאב יהושע

Judge Irwin HaLevi Clorfene, *alav hashalom*
y **Sara Brin Clorfene,** *alé hashalom*

"Que sus almas sean conectadas en vínculo de vida
con las almas de los justos en Gan Eden.".

* * * *

Ze'ev ben Ephraim HaLevi Kamen
y su hija **Liba Gittel** bas **Naomi**

En memoria de sus amados padres

Ephraim HaLevi
ben **Raphael Kamen,** *alav hashalom*

y

Chaya Faigela Kamen
bas **Yitzhak Yakov,** *alé hashalom*

"Que sus almas sean conectadas en vínculo de vida
con las almas de los justos en Gan Eden.".

Vendyl Jones, Jr.
Estoy muy agradecido por todo el conocimiento que mi padre compartió conmigo en el pasar de
los años. Si no fuera por él, no se que es lo que creería hoy en día.
Lo que soy y lo que creo me ha hecho sólido como una roca.

* * * *

Glenn y Michelle Magnusson
Con mucho amor y gratitud para todos nuestros maestros de Torá.
Que la Luz de la Torá continue siendo divulgada entre las naciones.

* * * *

Sonia y Rodolfo Garza
Con gratitud y amor para Vendyl Jones, de bendita memoria.

* * * *

Bob Wells
Con aprecio, en honor de la comunidad Bais Menachem de Chicago.

* * * *

Jason LaCross
A nuestros hijos **Calob, Cullen, Austin y Katelyn**.
Quiera *Hashem* mostrarte Sus caminos, y guiarte en Su verdad y enseñarte.

Nota sobre la traducción

Para realizar la traducción al castellano, el traductor se apoyó en

- **La Torá.** Ediciones Martínez Roca, S.A., 1999. Edición a cargo de Daniel ben Itzjak.
- **El Jumash.** Mesorah Publications, Ltd., Primera Edición, primera impresión, Octubre 2014. Edición Rabino Sión Levy.

La traducción se ha realizado con amor y temor al Señor, Dios de Israel. Cualquier error presente en la versión en castellano es de exclusiva responsabilidad del traductor.

El Creador, bendito sea su Nombre, ha obrado con misericordia en mi vida, con salud alargando mis días, los días de mi esposa y los días de mis hijos. Quiera el Señor, Dios de Israel, bendecir a mis descendientes con salud y virtudes para cumplir con Sus leyes y encomiendas.

Juan Mayorga-Zambrano, PhD
Guer noájida - traductor

Contenidos

Prefacio

Una luz nueva descendió en los años sesenta del siglo anterior. La gente fue puesta en movimiento física y espiritualmente. La aldea global empezó a cuestionar el materialismo simplista. Se hablaba de liberación e iluminación. Los jóvenes empezaron a ser guiados hacia la luz por poetas y juglares:

¿Cómo se siente	How does it feel,
estar por tu cuenta,	To be on your own,
sin rumbo a casa,	With no direction home,
como una completa desconocida,	Like a complete unknown,
como una piedra que rueda?	Like a rolling stone.

Bob Dylan y Donovan y docenas de otros revolucionarios de la sociedad usaban música y códigos para sacudir los corazones de las masas y conseguir que se levanten y marchen. No sabían realmente a dónde se encaminaban pero estaban seguros de que tenía que ser mejor que aquello que sus padres, maestros, iglesias y gobiernos les habían entregado. Y entonces, los Beatles sorprendieron a todos al entrar a la esfera espiritual. Fueron a la India, conocieron a un gurú, y trajeron a varios millones de sus seguidores al Hinduismo. Ese fue un error costoso. El Hinduismo tiene demasiados dioses: ¿a quién recurrir cuando eres apedreado?

En su deseo por rechazar los valores de la clase media, muchos jóvenes de los sesenta, carentes de sabiduría y entendimiento, acogieron una idolatría pagana. Y todo colapsó. Los sesenta se volvieron una oportunidad perdida, "lo que podría haber sido". Todo esto sucedió en la esfera de la impureza espiritual, lo que los Cabalistas llaman la *sitra ajara*, el "otro lado".

En la esfera de la *kedushá* (santidad), un nuevo capítulo de una historia milenaria estaba escribiéndose. En 1967, el mismo año en que los Beatles publicaron Sergeant Pepper's Lonely Hearts Club Band y The Magical Mystery Tour, Egipto, Siria y Jordania estaban mobilizándose para atacar a Israel desde tres frentes para arrojar al Mediterráneo a los judíos.

Entonces, el 5 de junio de 1967, Israel lanzó un ataque sorpresivo sobre las bases aéreas egipcias. En seis días Israel anuló la fuerza militar combinada de los tres estados árabes. Millones de personas alrededor del mundo reconocieron la mano de Dios en esto. Fue claramente un milagro. La columna de fuego no estaba ahí, pero todos la sintieron. Los corazones de los justos palpitaban con orgullo y emoción al recordar las palabras de las Escrituras, *"Y los egipcios dijeron, 'huyamos de Israel, pues el Señor está peleando por ellos en contra de Egipto'"*, (Éxodo

14:25).

El 7 de junio, el tercer día de la guerra, paracaidistas se abrieron paso en medio de una lluvia de balas hacia la Puerta de Sión, atravesaron la Ciudad Antigua de Jerusalén, y tomaron el Muro Occidental y el Monte del Templo, devolviendo a manos judías el control del lugar más santo de la tierra, por primera vez en 2000 años.

Y entonces, Israel dejó perplejo al mundo al reentregar la custodia del Monte del Templo a los árabes. No era un secreto que esta medida fue tomada para bloquear los planes judíos de reconstruir el Templo. Pero la verdad es que devolver el Monte del Templo a los árabes fue una decisión de Dios. La tierra de Israel puede ser conquistada mediante guerra. Incluso Jerusalén puede ser tomada por la fuerza. Pero el Monte del Templo puede ser adquirido solo por un medio pacífico, como el Señor le instruyó a Zerubabel, el constructor del Segundo Templo (Zejariá 4:6), *"No por fuerza militar y no por fuerza física, sino por Mi espíritu, dice el Señor de los Ejércitos"*.

El Rebé de Lubavitch, zy'a, llamó a la Guerra de los Seis Días el Gran Shofar, como dice en la *Amidá*, el rezo central judío, *"Haz que suene el Gran Shofar por nuestra libertad, eleva el estandarte para reunir a nuestros exiliados y reúnenos en nuestra tierra a todos juntos desde los cuatro confines del mundo"*.

Rabí Abraham Isaac HaKohen Kook, el primer rabino en jefe de Israel, enseño que el Gran Shofar es un despertar de grandeza e idealismo espiritual.

Por Providencia Divina, el despertar sucedió en un lugar de lo más inesperado. En ese año, 1967, el Dr. Vendyl Jones formó el Judaic-Christian Research Institute, para el estudio y diseminación de las Siete Leyes de los Hijos de Noaj (Noé) el código moral dado por Dios a Noaj después del Diluvio. Es también conocido como Torá Universal.

El Dr. Jones, un ex ministro Bautista, fue un arqueólogo de primera clase que hizo importantes descubrimientos arqueológicos bíblicos. El descifró el Rollo de Cobre (uno de los Rollos del Mar Muerto) y esto le guió al descubrimiento de casi 900 libras de *ketoret*, incienso del Santo Templo y del aceite de unción llamado *afarsimon*. Pero el mayor descubrimiento del Dr. Jones fue él mismo. Descubrió que era un Ben Noaj, un noájida, una especie de *homo sapiens* que había estado extinta por 2500 años.

En tiempos del Rey David y del Rey Salomón, la población de la tierra de Israel incluía cientos de miles de *gentiles justos*. Un gentil justo es un Guer Toshav, el residente extranjero mencionado en la Torá. Y así sucedió durante el período del Primer Templo. Pero entonces, el Reino de Israel fue exiliado a Asiria como las Diez Tribus Perdidas. Y el Reino de Judea fue exiliado a Babilonia (aquellos pocos que Nabucodonozor dejó vivos). Y el noájida (todos los *Guerim Toshavim* son noájidas) se perdió en medio de la confusión.

Desde aquellos días hasta hoy, ha habido pocas menciones sobre el noájida en la historia judía, ciertamente nada de la magnitud de lo que el Dr. Jones empezó en 1967.

El trabajo del Dr. Jones en pro de las Siete Leyes Noájidas ha florecido. Vivió para ver crecer al Movimiento Noájida de un puñado de amigos y vecinos a miles de noájidas en las Américas, a lo largo de Europa, en India, Australia y ciudades en el mundo. Y el movimiento está prosperando rápidamente, así como la vara de Aaron. Y este es el significado del Talmud: *"Un Noájida que aprende Torá es igual al Cohen Gadol (Sumo Sacerdote)"*, (Baba Batra, 35b). Le dice que su grupo florecerá con brotes y almendras rápida y simultáneamente, porque ha sido elegido para grandes cosas por Hashem, el Dios de Israel. Con este sentimiento, dedicamos este libro, *El Mundo del Guer*, a la memoria del Dr. Vendyl Jones, zy'a, el hombre que inició todo.

Rabí Chaim Noach HaLevi Clorfene
Tzfat, Israel
12 Tamuz 5774
Julio 9, 2014

Abraham el Noájida
Moisés el Noájida
El Rey David el Guer
Judíos y Guerim
Estableciendo al *guer toshav* en la tierra
de Israel
El camino del *guer*

1. El Mundo del Guer

El Mundo del Guer representa un escape de la literatura noájida[1] usual pues consiste principalmente de *Agadot*. Estas son las parábolas, historias y narrativas históricas que forman el carácter de un pueblo y su visión del mundo. Con ayuda de *Hashem*, estas santas enseñanzas judías guiarán a un fortalecimiento de la identidad cultural y espiritual de *B'nai Noaj*, los Hijos de Noaj.

Este es probablemente un momento adecuado para abordar el problema persistente de terminología confusa y molesta. ¿A quiénes llamamos Hijos de Noaj? ¿Como se llaman ellos a sí mismos? El término por defecto que todos usan y que a nadie pareciera gustar es "noájida".

Noájida se deriva de *B'nai Noaj* de la misma manera que israelita se deriva de *B'nai Yisrael*. Pero si noájida es como israelita, entonces ¿por qué es *noájida* en lugar de *noájita*? ¡Porque está mal! *Noájida* es un adjetivo usado como sustantivo. En realidad lo correcto es *noájita*. Sin embargo, el término noájida pareciera resolver las cosas de manera simple, de manera que noájida es el término usado, entendido y aceptado en todas partes.

Pero para quienes conocen y les interesa, hay un mejor término. El problema es que no resuelve las cosas de manera simple. De hecho, es extremadamente complicado y ya ha sido causa de no pocos debates y discusiones. Es el término que la Torá misma usa para los *B'nai Noaj*. El término es *guer*. El plural es *guerim*.

Si busca la palabra *guer* en cualquier diccionario Hebreo - Castellano, encontrará un cúmulo de acepciones como extraño, extranjero, forastero y prosélito.

Pregúntele a un judío ortodoxo qué es un *guer*, y le dirá que un *guer* es un gentil que ha hecho la conversión al Judaísmo.

La Torá concuerda con esto, pero considera que es únicamente la mitad de la historia. La Torá añade un factor que poca gente aprecia: un *guer* puede también ser un noájida quien ha venido desde muy lejos para estar cerca del pueblo judío en la tierra de Israel, o incluso fuera de la tierra de Israel. Se ha acercado a los judíos porque, en palabras del venerable Vendyl Jones,[2] *"Amo la santa trinidad - Dios, la Torá y el pueblo judío"*.

De manera que hay dos tipos de *guerim*: el *guer toshav*, quien es un residente extranjero,

---

[1] Un noájida es un gentil que observa la Torá Universal, esto es, los siete mandamientos dados por Dios a Noaj / Noé como padre de toda la humanidad.

[2] Vendyl Jones (1930-2010) fue un ex ministro Bautista que fue un arqueólogo de primera clase, se volvió noájida y un líder dinámico del movimiento noájida.

un noájida, y el *guer tzedek*, el prosélito justo, quien se ha vuelto judío por el proceso de conversión. Hay sesenta versículos en la Torá que mencionan al *guer* y cada uno debe ser estudiado cuidadosamente para determinar a qué *guer* se refiere. A veces el versículo se refiere únicamente al *guer toshav*. A veces el versículo se refiere únicamente al *guer tzedek*. Y, en la gran mayoría de los casos, el versículo se refiere a los dos, todo con una simple mención a la palabra *guer*.[3]

De acuerdo a la *Halajá* (Ley Judía), para que un gentil se constituya en *guer toshav* debe presentarse ante una Corte de tres rabinos y declarar su intensión de observar las Siete Leyes de los Hijos de Noaj.[4] Entonces es aceptado como un *guer toshav* y es oficialmente asentado en la tierra de Israel y tiene derecho a ser apoyado por la comunidad judía.

Estos *guerim* constituyen un pueblo, tan particular como cualquier otro en la tierra, excepto por el hecho de que su existencia está definida exclusivamente por su relación con el Dios de Israel, con la Torá y con el pueblo judío.

La verdad es que antes que hubiera un judío hubo un *guer*. Abraham dijo a los hombres de Jet (Génesis 23:4), *"Soy un guer y un toshav con ustedes"*.

Cuatrocientos años después, Moisés dijo (Éxodo 2:22), *"Fui un guer en una tierra extranjera"*.

Y cuatrocientos años después de eso, el Rey David escribió (Salmos 39:13), *"Soy un guer con ustedes, un toshav como fueron mis padres"*.

1.1 Abraham el Noájida

Abraham se refería a sí mismo como un *guer* porque era un hebreo que vivía entre canaanitas, un residente extranjero. Abraham es el padre de todos los *guerim*, tanto de los judíos por conversión como de los *guerim* noájidas. A pesar de que es referido como el primer judío, Abraham fue un noájida, definitivamente no un judío. Técnicamente, el pueblo judío nació en el Monte Sinaí cuando la gente escuchó la voz de Dios enunciando los Diez Mandamientos y les fueron entregadas las 613 *mitzvot* de la Torá. Abraham estuvo sujeto únicamente a las Siete Leyes de Noaj y a la *mitzvá* de la circuncisión.

Sin embargo, Abraham es llamado el primer judío porque él inició la rectificación del pecado de Adán, que fue completada en el Monte Sinaí. Y, a pesar de que ni Abraham ni Sara tenían obligación de cuidar el Shabat y la plenitud de la Torá, lo hicieron voluntariamente, habiendo recibido este conocimiento como una tradición oral sagrada por parte de Shem el hijo de Noaj.[5]

1.2 Moisés el Noájida

Todo lo que el pueblo judío sabe sobre la conversión, fue aprendido a partir del Éxodo de Egipto. Durante ese evento milagroso, los varones israelitas fueron circuncidados e inmersos en una *mikvá*.[6] Las mujeres israelitas también se sumergieron en una *mikvá*. Tanto hombres como mujeres aceptaron sobre ellos la Torá como una doctrina de vida, como escribió[7] el Rey Salomón, *"Es un Árbol de Vida para quienes se aferran a ella"*. La gente en Sinaí pronunció, *"Na'asé v'nishmá - haremos y entonces escucharemos"*, aceptando los mandamientos sin dudar, sin

---

[3]De hecho, el término *guer tzedek* es rabínico y nunca es mencionado en la Torá misma. Y en el período del Talmud y de los primeros comentarios rabínicos, el término *Guer Tzedek* es a veces usado para un *Guer Toshav* que está en un nivel espiritual elevado. Advertimos que esto no era simple.

[4]Refiérase a la visión del Rogatjover Gaon: *Razin D'Orayta - El Guer Toshav en tiempos del Templo y ahora*, comentada unas notas más adelante.

[5]Génesis Rabá 43:6

[6]Una piscina ritual de aguas vivas o naturales. La inmersión en una *mikvá* remueve la impureza espiritual de una persona u objeto.

[7]Proverbios 3:18

cuestionar, con amor, debido a que provenían del Dios de Abraham, Isaac y Jacob, aún antes de que supiera los detalles sobre lo que contenían dichos mandamientos. Nada mengúa ni menguará este mérito.

Cuando Moisés dijo que era un *guer* en una tierra extranjera, quería decir que era un hebreo viviendo en la tierra de Egipto. Como Abraham, Moisés moró en medio de un pueblo que no era el suyo. En el Monte Sinaí, Moisés se constituyó en un *guer tzedek*, un judío converso, junto con todos los demás. Teniendo esto en mente, es un hecho claro y obvio que Dios entregó la plenitud de la Torá únicamente a *guerim* y a sus descendientes. Todos los judíos son descendientes de *guerim*.

1.3 El Rey David el Guer

David no fue ni un converso ni un noájida. Él fue un *Ezraj*, un judío de nacimiento. Su padre fue Jesé y su madre fue Nitzevet, una hermosa dama judía.[8] Entonces, ¿por qué David se refiere a sí mismo como un *guer*? Es posible argumentar que se refería a su bisabuela, Rut, quien provenía del pueblo moabita. O que fue tratado como un forastero por su padre y por sus siete hermanos. O que vivió como un *guer* entre los Filisteos en Kyriat Gat cuando huyó del Rey Saúl.

Pero hay una razón más abstracta por la que David se consideraba a sí mismo un *guer*. David estaba en un exaltado nivel espiritual e intelectual, como dice (I Samuel 16:13), "*Y Samuel tomó el cuerno de aceite y lo ungió en medio de sus hermanos; y el Espíritu del Señor moró sobre David desde ese día*".

David sabía lo que el *guer* es en esencia - el *guer* abstracto - y sintió que él era eso. David estaba diciendo que es un *guer* en este mundo, un extraño que está solo de pasada. Su verdadero hogar es el Dios de Israel. Dios es el lugar del mundo.

1.4 Judíos y Guerim

Uno de los aspectos más sobresalientes de ser un *guer*, ya sea un judío converso o un noájida, es la relación con el pueblo judío. El judío y el *guer* están inextricablemente unidos. Puede ser maravilloso o terrible o las dos cosas. De cualquier manera, la dinámica entre judío y *guer* es vital. Sin el judío como luz para las naciones, el *guer* yacería en tinieblas para siempre. Y sin el *guer*, el judío no podría alcanzar la *Gueulá Sheleimá*, la Redención Final.

Esta relación judío - *guer* es análoga a la de una pareja de recién casados con los suegros. ¿Cómo se relaciona el nuevo esposo con los padres de su esposa? Y, ¿cómo se relaciona la nueva esposa con los padres de su esposo? Puede ser amor puro y gozo, cada uno aceptado instantemente en la nueva familia como un hijo o hija. O puede ser una relación fría y formal, distante, desconfiada e incómoda. O puede estar llena de mala química al tiempo en que cada uno menosprecia al otro, Dios no lo permita.

Generalmente, pero no siempre, estas relaciones mejoran pues el tiempo suele suavizar los sentimientos de alteridad. Así es con el judío y el *guer*. Con el paso del tiempo, judíos y *guerim*, viviendo uno al lado del otro en la tierra, aprenden a convivir en comunidad, como dice (Levítico 19:34), "*El guer que mora entre ustedes será como el nacido ente ustedes, y lo amarán como a si mismos, porque fueron guerim en la tierra de Egipto: Yo soy el Señor tu Dios*".

El verso dice al pueblo judío que deben mandatoriamente amar al *guer* como se aman a sí mismos. La pregunta es: ¿a qué *guer* se refiere el versículo, al judío converso o al noájida o a ambos?

El versículo dice que el judío debe amar al *guer* "*porque fueron* guerim *en Egipto*". Los israelitas, ¿fueron conversos en Egipto? No, eran extranjeros residentes, hebreos viviendo

---

[8]Talmud de Babilonia, 91a. El nombre de la madre de David no es mencionado en las Escrituras, pero era conocido por tradición oral y está registrado en el Talmud.

entre egipcios. Por tanto, el *guer* de este versículo debe incluir necesariamente al *guer toshav*, un noájida que vive entre israelitas. También debe incluir al *guer tzedek*, al judío converso, simplemente porque es compatible.

De hecho, un judío converso no debe ser llamado *guer*, o el término femenino *guioret*, excepto cuando se presenta la necesidad de identificar sus raíces, como cuando es planteada una oferta de matrimonio. El Talmud dice,[9] "*Cuando un converso emerge de la mikvá, es un israelita en todas las formas*". Si es un israelita en todas las formas, ¿por qué habría de referirse a él como extranjero, *guer*? Más aún, si los sentimientos de un judío converso son heridos por ser llamado *guer*, entonces referirse a él de esa manera puede ser una transgresión de "*No te burlarás ni oprimirás al guer*", (Éxodo 22:20).

De acuerdo a la tradición, el estatus oficial de *guer toshav* depende del Año de Jubileo, que es el año que le sigue a siete Años Sabáticos en un ciclo de cincuenta años.[10] Al comienzo del Año de Jubileo, se proclama libertad a lo largo de la tierra de Israel. La propiedad que fue vendida durante los cuarenta y nueve años previos regresa a los bienes tribales o familiares originales, y los esclavos hebreos son liberados.

Sin un Año de Jubileo, las cortes rabínicas no aceptan oficialmente a *guerim toshavim*. Y no ha habido un Año de Jubileo desde la destrucción del Primer Templo hace más de 2500 años. Esta es precisamente la razón por la que el *guer noájida* es desconocido, confundiendo e incluso causando molestia a muchos judíos observantes. El *guer noájida* pareciera haber aparecido de la nada y para poco más que retar el pensamiento del judío religioso. De hecho, sin importar lo que usted le diga a un judío observante sobre el *guer noájida*, le responderá con, "*¡Eso no es lo que me dijeron!*".

No ha habido Año de Jubileo desde los días del Profeta Ezekiel porque requiere que la mayoría del pueblo judío viva en la tierra de Israel. Y desde que el Primer Templo fue destruido, nunca ha habido una clara mayoría del pueblo judío viviendo en Tierra Santa.

Respecto al Año de Jubileo, debemos notar que fue en *Rosh Hashaná* del último Año de Jubileo[11] que el Profeta Ezekiel tuvo la visión del Tercer Templo que un día llegará a completar la Redención Final, como dice (Ezekiel 37:28), "*Y las naciones sabrán que Yo soy el Señor Quien santifica a Israel cuando Mi Santuario esté en medio de ellos para siempre*". Esto está ligado al alma del *guer noájida*. Tiene todo derecho a estar en duelo por la pérdida del Santo Templo; pero, antes que presentar duelo por la destrucción del Segundo Templo, debe hacer duelo porque no se ha construido todavía el Tercer Templo.

La base lógica para justificar la necesidad del Año de Jubileo para aceptar al *guer toshav* es algo intrincada, pero he aquí una muestra: la Torá permite al *guer toshav* venderse a sí mismo como esclavo si es un indigente, pero debe necesariamente ser liberado el Año de Jubileo. Si no hay Año de Jubileo, no hay mecanismo legal para liberarlo. Por tanto, los Rabinos no aceptarán al *guer toshav* hasta que haya un Año de Jubileo.[12]

Si el tema de aceptar al *guer toshav* hubiera sido decidido en base a la razón antes que por tradición, la norma podría haber sido algo diferente. Los Rabinos podrían haber dicho: "*Aceptamos guerim toshavim hoy en día, pero tienen prohibido venderse a sí mismos como esclavos hasta que retorne el Año de Jubileo*". Pero no es así como sucedió.

A primera vista, pareciera que los Rabinos han cerrado la puerta al *guer toshav*, al menos en el presente. Pero, de hecho, lo opuesto es verdad. Puesto que las cortes rabínicas no tienen

---

[9]Talmud de Babilonia, Yebamot 47a.
[10]Levítico 25:10
[11]El año hebreo 3352 (272 AEC)
[12]Para que el Año de Jubileo sea funcional, la mayoría de judíos tienen que vivir en Israel. Esto no ha sucedido desde la destrucción del Templo de Salomón en el año 3338 (586 AEC). No hubo Año de Jubileo en el período del Segundo Templo ni en otra época.

poder para aceptar al *guer toshav* por un vacío en la *halajá*, el *Rogatjover Gaon*[13] decretó que un noájida puede constituirse en un *guer toshav* por su cuenta, simplemente al aceptar las Siete Leyes de Noaj, sin necesidad de aprobación rabínica alguna.[14] Y aún sobre esta base, la comunidad judía está obligada a brindarle apoyo si cae en tiempos difíciles, y podría tomar lugar de los regalos agrícolas para los pobres.[15] Y tiene permitido observar cualquiera de las *mitzvot* de la Torá, incluyendo Shabat y Talmud Torá, como lo hizo su padre Abraham, el primer *guer toshav*. De acuerdo con el Gaon de Vilna, si el *guer toshav* está viviendo en la tierra de Israel, tiene obligación sobre las 613 *mitzvot*, incluyendo *brit milá* (circuncición ritual).[16]

1.5   Estableciendo al *guer toshav* en la tierra de Israel
[17]

Extracto de Guerim 3:4.[18]
No lo establecemos (al *guer toshav*) en la frontera
o en un distrito insalubre,
sino que en un distrito apacible en la Tierra de Israel
donde pueda encontrar oportunidad para ganarse la vida,
como está declarado (Deuteronomio 23:17),
"Él morará con ustedes, entre ustedes,
en el lugar que elija dentro de una de tus puertas
donde más le plazca;
no lo engañarás".

En la frontera: La razón por la que el *guer toshav* no es ubicado cerca de los límites de Israel es doble: a) sería vulnerable al ataque de vecinos extranjeros que resientan su conexión con el pueblo judío; b) podría entablar amistad con vecinos extranjeros quienes intentarían atraerlos a sus prácticas paganas.

Tenemos una situación rara en este punto de la historia. Nunca, desde el fin del período del Primer Templo,[19] ha habido tal ola de noájidas que se identifiquen a sí mismos como *guerim*. Y precería que una nueva era de relaciones interpersonales entre judíos observantes de la Torá y *guerim noájidas* ha empezado.

El pueblo judío tendrá una curiosidad cautelosa al ver al *guer noájida* entrar en sus sinagogas y a sus comunidades. Pero aprenderán a aceptarlo porque es mencionado explícitamente en los Diez Mandamientos y porque proclama como su fe: *Escucha Israel, el Señor nuestro Dios, el Señor Uno es*.[20]

Al pueblo judío se le dió la responsabilidad de sostener al *guer toshav* quien vive en su seno.

---

[13]Rabí Josef Rosen (1856-1936), uno de los eruditos del Talmud más prominentes del siglo veinte. Él dió la ordenación rabínica (smijá) a Rabí Menajem M. Schneerson, el Rebé de Lubavitch.

[14]*Razin D'Orayta*, p.97, sección 33, *El Guer Toshav en tiempos del Templo y ahora*.

[15]La Torá ordenó entregar regalos agrícolas a los pobres: la esquina de un campo, gavillas olvidadas, grano caido en el campo y uvas y pequeños racimos de uvas dejados en las viñas. Véae Levítico 19:9,10.

[16]*Aderet Eliyahu, Haazinu 32:9*. Rabí Eliyahu de Vilna (1720-1797), uno de los grandes Talmudistas y Cabalistas del siglo 18, y líder de la judería lituana.

[17]Esto no sucederá hasta el Año de Jubileo en que *beit din* acepten *guerim toshavim* oficialmente. Sin embargo, el *guer toshav* de hoy podría vivir en la tierra de Israel por su cuenta.

[18]Uno de los tratados menores del Talmud, encontrado al final del *Seder Nezikin* en muchas ediciones del Talmud de Babilonia.

[19]Los años hebreos 2928 - 3338 (996 AEC - 586 AEC). Este fue el Templo que construyó el Rey Salomón y que fue destruido por el Rey babilonio Nabucodonozor.

[20]Deuteronomio 6:4.

Deuteronomio 14:21:
No comerás ninguna *nevelá*;
la darás al *guer* dentro de tus puertas
para que la pueda comer;
o la venderás al *nojri*.

Nevelá: un animal de una manera distinta al ritual de faenamiento judío (*shejitá*).
Al guer: esto puede referirse únicamente al *guer toshav* una vez que el *guer tzedek* (judío converso) tiene prohibido comer *nevelá*.
La darás: al *guer toshav* como un regalo sin recibir pago.
Nojri: un visitante extranjero que no ha abrazado las Siete Leyes de Noaj.
La venderás: El nojri no es un vecino en el que se confía. Él no recibe regalos de comida porque el pueblo judío no está obligado a sostenerlo.

El versículo anterior es la fuente que establece el deber de la comunidad judía de sostener al *guer toshav*. La obligación se extiende más allá de darle carne como alimento; incluye todas las formas de sustento, incluyendo lo espiritual. Bajo esta luz, está prohibido para el judío mandar al *guer* de vuelta a la fosa, a su previa idolatría.

1.6 El camino del *guer*

¿Dónde comienza el noájida su camino como un *guer*? El Talmud[21] nos dice: "*En cada generación un hombre debería verse a sí mismo como si hubiera salido de Egipto*". El *guer* y la *guioret* noájidas necesitan verse a sí mismos como si recién hubieran salido de Egipto. Comienzan su liberación, su despertar y viaje con Dios de la misma manera que los israelitas lo hicieron hace más de 3300 años - con el Éxodo. En la primera noche de la festividad de Pascua, comen *matzá* y *maror* (hierbas amargas), beben cuatro copas de vino, se sumergen las hierbas en sal dos veces, se inclinan y recitan la *Hagadá*. Pascua fue, es, y siempre será el comienzo, porque la redención empieza con la libertad.

Del prefacio del Sulam al Zohar:[22]
Para ser digno de la redención,
uno debe ser *pashut*[23]
libre de conexiones externas.
La pureza de ser *pashut* ayuda a la persona
para que sea un instrumento de redención.

Es generalmente conocido que cuando algo es *pashut*, está despojado de vínculos externos, y manifiesta independencia. Se infiere entonces que quien se está preparado para la redención no puede tener conexión a un amo pues, para ser considerado *pashut*, una persona de ninguna manera podría estar subordinada a alguien que gobierne sobre ella. La libertad y la redención son una cosa, como dice (Éxodo 20:2), "*Yo soy el Señor tu Dios, Quien te sacó de la tierra de Egipto, de la esclavitud*".

Por tanto, es claro como el día que cuando cosas están interconectadas, están subyugadas entre ellas y ninguna parte se sostiene por sí misma. Esto es lo opuesto de *matzá*, el pan sin levadura que comemos en Pascua, la festividad de nuestra Libertad.

---

[21] Talmud de Babilonia, Pesajim 10:5
[22] Prefacio al Zohar, 2b, comentario del Sulam, Rabí Judá Ashlag, z"l.
[23] La palabra hebrea *pashut* significa simple o directo.

La *matzá* contiene y es en sí misma *pashut*, libre de aditivos. No contiene más que agua y arina, y es amasada, desenrollada, y horneada. Inversamente, el pan leudado, i.e., *jametz*,[24] en adición a la arina y al agua, está combinado con *se'or*, levadura, que se integra a sí misma a cada grano de arina, provocando que la masa crezca. Como resultado, los granos no son libres, sino que están bajo la influencia de la levadura.

De forma similar, cuando uno está subyugado a un amo, no ha alcanzado la libertad. Y la libertad es el ingrediente a través del cual la Redención (Gueulá) fue creada.

Los prerequisitos para que el *guer* mantenga su libertad son tres:

1. El *guer* debe usar la sabiduría para evitar las trampas que le pudieran haber sido tendidas y las trampas que él mismo podría haberse tendido. Por tanto, debe necesariamente aprender sabiduría.

2. El *guer* debe tener el coraje para romper todo yugo sobre sí que no provenga de Dios. Esto empieza con romper el yugo de la idolatría, pero continua a lo largo de la vida pues se podría evitar una trampa para caer en otra.

3. El *guer* debe aprender a confiar en su Maestro.

Rabí Joseph Gikatilia,[25] z"l, enseñó que una persona cuyo corazón busca perfeccionar sus rasgos de carácter, quien endeza sus caminos y actos, y busca la humildad al punto en que cuando es insultado no devuelve el insulto, inmediatamente sobre ella yace la *Shejiná* y no necesita aprender de una persona de carne y hueso, pues el Espíritu de Dios (Ruaj Elokim) le enseña.

Por tanto, el Rambam enseñó[26] que en la Era Mesiánica, la ocupación del mundo entero será exclusivamente conocer a Dios, como dice (Isaías 11:9), "*El mundo estará lleno del conocimiento de Dios como las aguas cubren la mar*".

* * * *

Un *guer* que vive fuera de la tierra de Israel es parcialmente un *guer*, pues necesita de la tierra de Israel para completar su alma. Pero si uno no puede vivir en Tierra Santa, puede anhelarla, rezar por ella, aprender y pronunciar el hebreo bíblico, y así transformar su mundo en un pequeño rincón de Israel. Si hace esto, con la ayuda de Dios, alcanzará lo que necesita alcanzar. Y puede confiar en esto, pues Moisés, un *guer*, vivió fuera de la tirra de Israel.

---

[24]Está prohibido comer jametz en Pascua (Éxodo 12:15). Jametz es cualquier cosa hecha de uno de los cinco granos, trigo, centeno, cebada, avena y escanda, que ha tenido contacto con agua y que se permite fermentar, lo que toma alrededor de 18 minutos.

[25]Rabí Joseph Gikatilia (1248 - circa 1305), fue un kabalista español cuyo trabajo, *Shaarei Orá*, fue considerado por el Arizal y por el Gaón de Vilna como la puerta de acceso a las enseñanzas místicas de la Torá.

[26]Mishné Torá, Leyes de Reyes, 12:5.

La Torá primaria
Caos y salvación
La Torá de Shem
Las tiendas de Shem

2. La Torá de Shem

2.1 La Torá primaria

Dios creó el mundo y le entregó al hombre la Torá para que supiera cómo vivir en él. *Torá* significa instrucción. También significa ley, como en Deuteronomio 17:11, *"De acuerdo a la ley (Torá) que te enseñarán y de acuerdo al juicio que te dirán, así harás"*.

A menudo es dicho que el mundo era un yermo moral y espiritual hasta que Israel recibió la Torá en el Monte Sinaí.[1] O, al menos, hasta que Abraham dejó su ciudad natal y vino a la tierra que Dios le mostró. Pero la verdad es que el mundo nunca fue un yermo.[2] La *Torá* siempre ha estado con el hombre, desde el principio. La Torá primaria es conocida como la Torá de Shem, como aprenderemos *b'ezrat Hashem*.

Adán recibió la Torá el mismo día en que fue creado, como dice,[3] *"Y el Señor Dios ordenó al hombre, diciendo, 'De cada árbol del jardín puedes libremente comer. Pero del árbol del conocimiento del bien y del mal no comerás, porque el día en que comas de él por cierto morirás'"*. El Talmud[4] nos informa que codificado en este simple mandamiento están las Siete Leyes Universales, que incluyen prohibiciones en contra de idolatría, blasfemia, asesinato, robo, perversión sexual, comer carne de un animal vivo y fallar en establecer apropiadamente cortes de justicia.

Estas leyes fueron repetidas a Noaj después del Diluvio para ser referidas como las *Siete Leyes de los Hijos de Noaj*. Fueron repetidas nuevamente por Moisés en el Monte Sinaí, donde se volvieron obligatorias para siempre, y donde se le encargó al pueblo judío la tarea de enseñarlas a las naciones del mundo.

Las leyes noájidas garantizan estabilidad, continuidad y permanencia a cualquier sociedad que las siga. Y prometen al individuo una vida bendecida por Dios en este mundo y en el Mundo por Venir, como dice, *"Es un Árbol de Vida para aquellos que se aferran a ella"*.[5]

Estas siete leyes son la *niglé*, las enseñanzas reveladas de Dios que siempre han estado con la humanidad y que son relevantes para todos los pueblos en todos los tiempos.

---

[1] En el año hebreo 2448 (1480 AEC)

[2] Se enseña, sin embargo, que los primeros 2000 años fueron una época de *tohu* (caos) porque el *tikun* (rectificación) del pecado de comer del fruto prohibido no había empezado.

[3] Génesis 2:16,17

[4] Talmud de Babilonia, Sanedrín 56a

[5] Proverbios 3:18

Hay otra fuente de Torá llamada *nistar*, las enseñanzas místicas o escondidas de la Torá. Adán también recibió estas enseñanzas, pero las recibió sólo después de ser apartado del Jardín de Edén.

Cuando Adán dejó el Jardín de Edén e ingresó al mundo externo, se constituyó en un *guer* pues comenzó a vivir en una tierra que no era propia. Su hogar era el Jardín de Edén, pero ahora tenía que vérselas en un lugar nuevo y extraño. Tenía que enfrentar lo desconocido. Esto lo volvió un *guer*. El primer hombre fue el primer *guer*.

Como un *guer*, Adán podía luchar por regresar al Jardín de Edén o podía luchar por transformar el mundo externo en un nuevo Jardín de Edén y mover la creación hacia la perfección. Los Cabalistas dicen que era el plan de Dios dejar al mundo incompleto de manera que el hombre, la corona de la creación, pudiera completarlo.

Dios envió a Adán un rollo por la mano del ángel Raziel. El rollo es conocido como *Sefer Raziel*.[6] Fue el primer libro. El *Sefer Raziel* todavía existe, pero las personas están advertidas de no estudiarlo porque contiene errores de impresión y falsificaciones que se han filtrado en el texto a lo largo del tiempo. También contiene fórmulas para convocar y ordenar a ángeles, una práctica que está estrictamente prohibida. A pesar de esto, el *Sefer Raziel* es considerado un libro santo y kosher y muchos judíos religiosos guardan una copia en su estantería en la creencia de que trae una santidad especial al hogar.

A diferencia de las leyes de la Torá que son para todos, las enseñanzas místicas son entregadas únicamente a almas dignas de recibirlas. La gente que rechaza la Cabalá es realmente rechazada por la Cabalá.

El *Sefer Raziel* comienza con la plegaria de Adán posterior a su expulsión del Jardín de Edén:

La plegaria de Adán

" Señor, Dios del mundo, Tú creaste el mundo entero para gloria, esplendor y poder,
y lo has hecho de acuerdo a Tu voluntad pues Tu reinado es eterno;
y lo creaste para Tu gloria de generación en generación.
Nada Te está oculto y nada se puede esconder de Tus ojos.
Tú me formaste como obra de Tus manos
y me diste dominio sobre todas Tus creaciones
para que yo sea señor sobre lo que Tú hiciste.
Pero la astuta serpiente apareció y me sedujo con el árbol de la lujuria y el deseo.
Y también la esposa de mi corazón me atrajo.
Y ahora, no sé lo que vendrá y qué será de mis hijos,
y qué me sucederá a mí y a las generaciones que vendrán después de mí ".

" Conozco y entiendo que ningún ser viviente puede ser considerado justo delante de Ti,[7]
así ¿qué cara tengo para presentarme ante Ti?
No tengo boca para responder por lo que hice ni puedo levantar mi mirada,
pues pequé y fui malvado.
Y por mi iniquidad fui expulsado hasta este día.
He arado y cultivado la tierra para trabajar por lo que puedo sacar de ella,
y hoy ya no estoy tan temeroso de vivir en la tierra como estuve al inicio.
Porque desde el momento en que comí del Árbol del Conocimiento y transgredí Tu palabra,
mi sabiduría me fue quitada y ahora soy ignorante,
sin conocimiento y un tonto.

---

[6]*Sefer* quiere decir libro en hebreo. *Raziel* quiere decir el secreto de Dios.

[7]Noaj, quien vivió diez generaciones después de Adán, es la primera persona llamada justa por la Torá, como dice (Génesis 6:9) *"Estas son las generaciones de Noaj. Noaj era en su generación un hombre justo y sincero; Noaj caminó con Dios"*.

No entiendo lo que sobrevendrá.
Por favor ahora, Dios misericordioso y clemente,
retorna Tu gran misericordia a la corona de Tu creación
y sobre el alma que Tú me insuflaste
y sobre la vida que Tú clementemente me diste al principio,
porque Tú eres bondadoso y paciente.
Quieras Tú, en Tu bondad, permitir que mi plegaria se eleve ante Tu Trono de Gloria.
Ojalá mi salvación alcance Tu Trono de Misericordia
y ojalá mi súplica y las palabras de mi boca encuentren favor delante de Ti.
Y, por favor, no deseches mi petición, Tú Quien fuiste y serás por siempre.
Por favor, Dios, ordena y ten compasión del trabajo de Tus manos
y permíteme entender y conocer que será de mis descendientes y futuras generaciones
y que será de mi día a día y mes a mes.
No ocultes de mí la sabiduría de tus ángeles ministrantes ".

La oración de Adán fue un pedido de profecía. El deseaba conocer el futuro. Y Dios le respondió. Adán se volvió profeta.[8] Su deseo por profecía era un deseo por la revelación de Dios. Dios le había hablado directamente a Adán en el Jardín de Edén, pero ahora Él le hablaba solamente a través de un ángel. El *Sefer Raziel* tenía como propósito poner a Adán en el camino que lleva de regreso a Dios y a la verdadera profecía.

Después de la conclusión de la oración de Adán, el *Sefer Raziel* continua con una narrativa:

Después de tres días de plegaria, el Ángel Raziel vino a él
y se sentó a la orilla del río que sale del Jardín de Edén.
Se le apareció hacia el fin del día cuando el sol se estaba poniendo.
En su mano había un rollo. Y le dijo a él,
"Adán, ¿por qué te desesperas? ¿Por qué estás tan triste y preocupado?
Desde el día en que te levantaste en plegaria y súplica
tus palabras fueron escuchadas.
Ahora, he venido con entendimiento puro y gran sabiduría
para hacerte sabio con las palabras de este rollo sagrado.
En ellas aprenderás lo que será de tí hasta el día de tu muerte.
Y cada descendiente tuyo que ocupe tu lugar
y todas las generaciones que se conduzcan de acuerdo a este rollo sagrado
con pureza y un corazón recto y un espíritu humilde
conocerán lo que les sucederá a ellos en cada mes, día y noche,
y todas las cosas les serán reveladas.
Ahora, Adán, acércate y vuelve tu corazón al camino de este rollo y a su santidad ".
Y el Ángel Raziel abrió el rollo y lo leyó a los oidos de Adán.
Cuando Adán escuchó de la boca del Ángel Raziel las palabras de este rollo sagrado
se postró con temor. Y el ángel le dijo,
"Adán, levántate y sé fuerte y no temas.
Toma este rollo de mi mano y guárdalo, porque de él conocerás y comprenderás sabiduría.
Hazlo conocer a todos quienes sean dignos y será su porción "
Cuando Adán tomo el rollo, una flama se elevó desde el río

---

[8]El Midrash enseña que Dios le mostró a Adán el futuro hasta el final de los días. Adán vió un alma hermosa llamada David que estaba destinada a nacer muerta. Adán sacrificó setenta años de su propia vida para que David pudiera vivir. Pero no sólo Adán fue profeta. Los sabios enseñan que todos los nombres son dados por profecía. Toda persona que tenga un hijo y que le haya dado un nombre ha experimentado la profecía, porque todos los nombres son dados por profecía.

y el ángel ascendió en fuego hacia el cielo.
Y Adán supo que era un ángel de Dios y que el Rey había enviado este libro
para fortalecerlo en pureza y santidad.

Cuatro generaciones después, el libro le fue dado a Enoc quien usó su sabiduría para purificarse a sí mismo hasta que fue como un ángel. Se sumergió en un manantial y se escondió en una caverna, meditando sobre la sabiduría del *Sefer Raziel* hasta que entendió su misión en la tierra.[9]

Enoc se separó a sí mismo de todos los seres terrenales y continuó prificándose a sí mismo hasta que *"no fue más"*, porque Dios lo había llevado a los cielos y lo transformó en el ángel Metatron, el príncipe celestial quien supervisa a los supervisores angelicales. De esto aprendemos que, en la presencia de *Hashem*, el Dios de Israel, no hay destino fijo. No hay límite a lo que la gente puede alcanzar. Las personas pueden incluso convertirse en ángeles.

2.2 Caos y salvación

Después de Enoc, el *Sefer Raziel* fue escondido hasta que emergió Noaj, un hombre justo en sus generaciones.[10] Un grito de angustia subió a los cielos delante del Trono de Gloria de Dios, *"porque toda carne había corrompido su camino sobre la tierra"*.[11] Había llegado el tiempo para que Dios destruyera las criaturas que Él había hecho. Pero Noaj halló gracia a los ojos del Señor.

En hebreo el nombre Noaj significa descanso o confort, como Lamej dijo cuando su hijo Noaj nació, *"Este nos consolará en nuestro trabajo y en el esfuerzo de nuestras manos, que proviene de la tierra que el Señor ha maldecido"*.[12]

Noaj consoló a la humanidad al inventar el arado y otros implementos de labranza, permitiendo que el hombre descanse de laborar la tierra sólo con sus manos.[13]

Noaj fue un artesano magistral. Su habilidad e ingenio mejoraron la calidad de vida humana. De Noaj aprendemos que una medida de la rectitud de un hombre es su compasión por las personas y su habilidad para transformar la compasión en acción. Este es el mundo de la acción[14] y si la compasión no se convierte en acción, es de poco valor. Mediante su compasión y artesanía, Noaj tuvo el mérito de ser salvado del Diluvio, junto con su familia y un remanente de especies terrestres.

La artesanía es esencial para el crecimiento ético y espiritual del noájida en el mundo. La artesanía es definida aquí como una labor calificada que crea o mejora un producto, tal como las invenciones de labranza de Noaj. Un noájida puede alcanzar liberación e iluminación mediante su arte. Como un artesano, él o ella puede ir casi a cualquier parte de la Tierra y siempre tendrá pan y vestimenta, como dice (Salmos 128:2), *"Cuando comas de la labor de tus manos, feliz serás, y gozarás bondad"*. El artesano siempre tendrá pan y vestimenta.

Los hombres sabios de oriente hablan del trabajo de artesanía como una forma de meditación en acción. Es poder puro. A través de los años de práctica, el trabajo del artesano como alfarero, carpintero, vidriero, carnicero, etc., llega a realizarse sin esfuerzo mental o físico. Sus manos ejecutan movimientos intrincados sin necesidad de su mente los controle de forma conciente. Cuando un carnicero es un aprendiz, tiene que considerar donde cortar el hueso del muslo para

---

[9]Esto muestra que para alguien que sigue la Torá, no hay tal cosa como un "karma" determinado. Porque, en su gran misericordia, Dios elevó a Enoc por encima de su destino natural.

[10]Noaj fue el bisnieto de Enoc. El hijo de Enoc fue *Metuselá* (Matusalén), cuyo hijo fue Lamej, cuyo hijo fue Noaj.

[11]Rashí: los pecados más asiduos eran idolatría, robo e inmoralidad sexual, tres tópicos de las Siete Leyes Noájidas.

[12]Génesis 5:31. El nombramiento de Noaj fue efectivamente profético, como pronto aprenderemos.

[13]Ibid., Rashí.

[14]De acuerdo a la Cabalá, hay cuatro mundos espirituales: *Atzilut* (Emanación), *Briá* (Creación), *Yetzirá* (Formación) y *Assiá* (Acción), que es nuestro mundo, el más bajo de los cuatro y el único con componentes físicos de tiempo y espacio.

separarlo del hueso de la pierna, a menudo equivocándose y rompiendo el hueso. Pero, con práctica y experiencia, el carnicero ya no necesita considerar dónde cortar. Simplemente corta. Y el corte es perfecto cada vez.

Cuando el artesano pierde la conciencia de si mismo mientras trabaja en su arte, entra en un estado meditativo. Se vacía y alcanza unicidad con su arte y con el producto de su arte, y los materiales y con las herramientas con que trabaja. El maestro artesano eleva su conciencia hasta que percibe su unidad con todas las cosas y la unidad de la existencia. De aquí, puede llegar a entender la Unicidad de Dios. En Zacarías 1:20, el profeta habla de cuatro artesanos quienes son traidos por Dios para asustar a los enemigos de Israel.

No hay mayor imitación de Dios que ser un artesano, pues Dios es el artesano consumado. Él creó el mundo.

El ángel Rafael vino a Noaj en un sueño y le dió el *Sefer Raziel*. Noaj meditó en sus palabras y letras hasta que el Espíritu del Señor descansó sobre él y se le mostró proféticamente como construir el Arca.

Noaj y su esposa y sus tres hijos con sus esposas, y las criaturas de la tierra, animales, aves, reptiles, peces e insectos, dos a dos y siete a siete, fueron guiados al Arca y salvados de las furiosas aguas del Diluvio.

Y Noaj bendijo a Dios, diciendo, *"Bendito es el Señor Quien da Su sabiduría a aquellos quienes temen Su Nombre y salva las almas de Sus Jasidim".*[15] De la sabiduría del *Sefer Raziel*, Noaj aprendió cómo alimentar y cuidar a todas las criaturas del Arca. Entendió los movimientos de los cielos y los meses y las estaciones sobre la tierra. Y Noaj rezó a Dios Quien envió un viento sobre la tierra y secó las aguas del Diluvió. Y el Arcá encalló sobre el Monte Ararat.[16]

Noaj estuvo inmerso en aprendizaje de Torá.[17] Él conocía las leyes de sacrificio. Sabía cuáles animales eran espiritualmente limpios y cuáles no, como dice,[18] *"Entonces Noaj construyó un altar para el Señor, y tomó de cada animal puro y de cada ave pura, y sacrificó ofrendas ígneas en el altar".* El conoció y observó las leyes de la Torá sobre agricultura, como dice, *"Y Noaj, un hombre de la tierra, empezó y plantó una viña".*[19]

Antes de que Noaj entrara al Arca, Dios hizo un pacto con él. Es la primera vez que la palabra 'pacto' (brit) aparece en la Torá.

El Pacto antes del Diluvio

Génesis 6:17-21

Y en cuanto a Mí, he aquí que estoy por traer las aguas del Diluvio
sobre la tierra para aniquilar de debajo de los cielos
a toda carne en la que haya hálito de vida;
todo lo que hay en la tierra ha de expirar.
Empero estableceré Mi pacto contigo y tú entrarás al Arca -
tú, tus hijos, tu esposa y las esposas de tus hijos junto a ti.
Y de todo lo viviente, de toda carne, dos de cada uno traerás al Arca
para mantener con vida junto a ti; serán macho y hembra.
De cada ave según su especie, y de cada animal según su especie;
y de cada reptil que se arrastra por la tierra, según su especie;

---

[15]*Sefer Raziel*, página 3. *Jasid* en singular. Esta palabra hebrea literalmente se refiere a una persona quien practica la bondad, pero también implica piedad.

[16]Ubicado en el extremo oriental de Turquia, cerca de la frontera con Armenia, cerca de 1200 km al noeste de Jerusalén como la paloma vuela.

[17]Génesis 7:2, Rashí sobre el versículo.

[18]Génesis 8:20

[19]Rashí: él había tomado consigo brotes de viñas.

dos de cada uno vendrán a ti para mantenerse con vida. [20]

El pacto era la promesa de Dios de que Él salvaría de la destrucción del Diluvio a Noaj y a todas las criaturas a bordo del Arca. Fue dado incondicionalmente e implicaba que Dios haría un nuevo pacto con ellos después del Diluvio.[21]

El Pacto del Arco Iris

Después de que Noaj sobrevivió al Diluvio, Dios hizo un segundo pacto con él.

Génesis 9:8-17

Y Dios le dijo a Noaj y a sus hijos con él, diciendo:
"En cuanto a Mí, he aquí que establezco Mi pacto con ustedes
y con su descendencia después de ustedes,
y con todos los seres vivos que están con ustedes:
con las aves, con los animales, y con cada bestia de la tierra
que está con ustedes,
desde todos los que salieron del Arca, hasta cada bestia de la tierra.
Y confirmaré Mi pacto con ustedes:
nunca más toda carne será aniquilada por las aguas del Diluvio
y nunca más habrá un diluvio que destruya la tierra"

En este momento, Dios explicó el significado del arco iris:

Dijo Dios: *"Esta es la señal del pacto que doy entre Yo y ustedes*
y cada ser vivo que está con ustedes, por todas las generaciones.
He colocado Mi arco iris en la nube,
y este será una señal del pacto entre Yo y la tierra.
Y sucederá, que cuando coloque una nube sobre la tierra y se vea el arco iris en la nube,
que recordaré Mi pacto entre Yo y ustedes y cada ser viviente entre toda carne,
y el agua nunca más volverá a ser un diluvio para destruir toda carne.
Y el arco iris estará en la nube y Yo lo contemplaré para recordar el pacto eterno
entre Dios y cada ser viviente, de entre toda carne que está sobre la tierra".
Y Dios le dijo a Noaj:
"Esta es la señal del pacto que he confirmado entre Yo
y toda carne que está sobre la tierra".

Dios hizo dos pactos con Noaj. El pacto previo al Diluvio preparó su mente y disminuyó sus temores pues estaba por entrar a un mar tormentoso en una gran caja de madera rodeado por un sinnúmero de criaturas que pisotean, muerden y pican a seres humanos.

Cuando Noaj y su familia emergieron vivos del Arca, supieron que Dios había cumplido Su primer pacto. Vieron que Él era más poderoso que todas las fuerzas de la naturaleza. Él era el Dios Altísimo, un Juez justo Quien les había mostrado misericordia. Los amaba y deseaba lo mejor para ellos.

Ahora que Dios cumplió su primer pacto, Noaj y su familia fueron capaces de aceptar el segundo pacto con confianza plena. La confianza en Dios era esencial aquí. Se les comunicó que debían reconstruir un mundo que había sido destruido. Lógicamente, podían pensar que reconstruir para el futuro era una locura. ¿Por qué reconstruir un mundo en que el hombre pecaría nuevamente y al que Dios lo destruiría nuevamente?

---

[20]Génesis 6:17-21
[21]Génesis 6:18; Ibn Ezra, Ramban, Rashbam.

Pero ahora que Dios hizo un nuevo pacto con el hombre garantizando que Él nunca más volvería a destruir el mundo, ellos podrían plantar y cosechar y ser fructíferos y multiplicarse sabiendo que la existencia de su futuro estaba asegurada. Los dos pactos les proveyeron una ventana hacia la fidelidad y bondad de Dios, de manera que podían incorporar la confianza en Dios a su diario vivir. Y así es con nosotros hoy en día.

El Arco Iris

La Mishná[22] nos informa que el arco iris fue creado en la primera noche de Shabat en el ocaso.[23] Esto reviste al arco iris con una santidad única. Hay dos bendiciones que uno puede decir al ver un arco iris en el cielo:

Bendito eres Tú, Señor nuestro Dios,
Rey del universo, Quien hace el trabajo de la creación.

Bendito eres Tú, Señor nuestro Dios,
Rey del universo, Quien recuerda el pacto,
es digno de confianza en Su pacto, y cumple con Su palabra.

El Zohar enseña, "*Quienquiera que fija su mirada en un arco iris es como si fijara su mirada en la Shejiná. Y está prohibido fijar la mirada en la Shejiná*".[24]

Una vez que el arco iris tiene tal belleza radiante como para ser comparado con la Presencia revelada de Dios, hay reticencia a que una persona fije su mirada en él y experimente tal gozo extático que su alma abandone su cuerpo. Por tanto, se nos advierte de no contemplar el arco iris por periodos largos y de no llamar a un amigo para que mire el arco iris. Pero ciertamente se nos motiva a mirarlo por nosotros mismos, apreciarlo, maravillarnos por su belleza, y bendecir a Dios por haberlo creado. Y podemos contemplar su naturaleza como una metáfora de lo Divino.

Científicamente, un arco iris se forma cuando un rayo de luz del sol choca con gotas de agua y es reflejado como siete colores: rojo, amarillo, verde, azul, índigo y violeta. El físico británico Sir Isaac Newton demostró que el mismo efecto ocurre cuando el rayo de luz blanca es proyectado a través de un prisma de vidrio. La luz blanca se divide en siete luces de colores. Isaac Newton también descubrió que cuando las siete luces de colores son proyectadas a través de un segundo prisma, refractan nuevamente en luz blanca. Esto quiere decir que, escondidas en cada rayo de luz blanca, hay siete colores. Este es un gran secreto de la creación.

Un concepto similar es enseñado en lo concerniente a la *Menorá* en el Santo Templo. La *Menorá* es un candelabro de siete brazos moldeado de un único bloque de oro. Cuando esta encendida, la *Menorá* tiene siete flamas, pero solo una luz emana de ella. Al meditar en el fenómeno de la *Menorá* y la naturaleza del arco iris, uno puede alcanzar iluminación.

Noaj el Santo (*Tzadik*)

Noaj es a menudo caracterizado como un abuelo anciano y benigno con una girafa sonriéndole desde la ventana de una Arca. Ese no es Noaj. Es la versión infantil de Noaj. El verdadero Noaj es una luz blanca deslumbrante de Torá, un gigante espiritual entre gigantes espirituales. Él era la Corona de Torá antes que la Torá fuera entregada en el Monte de Sinaí. En todo el Jumash solo dos seres son referidos como 'tzadik' (persona santa). Uno es Noaj. El otro es Dios Mismo, como dice, "*Un Dios de fidelidad y sin iniquidad, justo (tzadik) y derecho es Él*".[25]

---

[22] Avot 5:8
[23] De acuerdo con el relato de la Torá de los seis días de la creación, el día empieza al anochecer, como dice (Génesis 1:5), "*Acaeció la tarde y se hizo la mañana, un día*".
[24] Zohar, Beshallaj 66b.
[25] Deuteronomio 32:4

El Rey Salomón escribió (Proverbios 10:25), *"Tzadik yesod olam, una persona justa es el fundamento del mundo"*. La humanidad se había manifestado tan malvada y corrupta que Dios fue movido a borrar al hombre de la faz de la tierra. *"Pero Noaj halló gracia (jen) a los ojos del Señor"*.[26]

Toda la humanidad fue juzgada para destrucción, excepto por el perfectamente justo, Noaj. Y en el mérito de Noaj, Dios lo salvo a él y a su familia, y a todas las especies de criaturas sobre la tierra.

Noaj fue salvación. Pero la salvación no era suficiente. La humanidad también necesitaba redención. Y Noaj no proveyó esto. Abraham lo hizo.

Salvación significa ser rescatado del mal. Redención significa ser devuelto a Dios en pureza y santidad. El problema es que salvación y redención son dos reinos separados sin una conexión. La interfaz entre la salvación de Noaj y la redención de Abraham fue Shem, el justo hijo de Noaj.

2.3 La Torá de Shem

La Torá de Shem empieza con *tzedaká*. *Tzedaká* significa justicia, pero es a menudo traducido como caridad, dar de uno mismo para el mejoramiento de otros. *Tzedaká* se refiere a ayudar a personas dándoles dinero, pero incluye todo tipo de ayuda, aún una palabra amable. La *mitzvá* de *tzedaká* es tan grande que a lo largo del Talmud de Jerusalén es llamada *"La Mitzvá"*.

Los Cabalistas enseñan que la tzedaká trae al hombre a la perfección, fusionando salvación con redención. Noaj la originó. Shem la enseñó. Y Abraham la perfeccionó. La sabiduría no tiene otro propósito que alcanzar la *tzedaká*.

¿Cuál fue la *tzedaká* que practicó Noaj? Él y su familia alimentaron y cuidaron a todos los animales, aves y criaturas que abordaron el Arca. Trabajaron contra reloj durmiendo poco o nada, cuidando a cada especie de criatura.

Cuando Shem emergió del Arca, razonó que si Dios había deseado que él practicara *tzedaká* con animales y aves, con mayor razón él debería practicar *tzedaká* con seres humanos.

Así que enseñó Torá para mostrar a la gente cómo ameritar las bendiciones de Dios en el nuevo mundo. Esta fue su *tzedaká*. Lo guió a establecer la Academia de Shem y Eber, la primera yeshivá en el mundo, la primera escuela de cualquier clase. Entre los estudiantes más notorios de Shem estuvieron Abraham, Isaac y Jacob, Job, Balaam y un sinnúmero de eruditos, jueces, místicos y profetas.

Shem enseñó la Torá completa a Abraham incluyendo las enseñanzas místicas del *Sefer Raziel*.[27] Le enseñó la profundidad y amplitud de las Siete Leyes de Noaj. De acuerdo al Talmud, Abraham estudió 400 capítulos de la ley de la Torá sobre cultos idolátricos. Sobre todas las cosas, Shem le enseñó a Abraham la *mitzvá* de *tzedaká*.

Abraham era misericordia sumergida en un cuerpo humano. Alimentaba a las personas, las vestía y les brindaba alojamiento, las ayudaba a establecer negocios, y les enseñaba a cuidar a sus semejantes. Puso a miles de personas bajo las alas protectoras de la Shejiná. Los elevaba al nivel de *guerim*. Y esto, también, era considerado *tzedaká*.

Dios amó a Abraham y lo bendijo con todas las cosas buenas porque practicaba *tzedaká* y enseñó a sus hijos que practicaran *tzedaká*.[28] Había empezado con Noaj cuidando a los animales y fue perfeccionado por Abraham mediante actos de misericordia para toda la humanidad en el Nombre de Dios. Y la Torá de Shem fue el recipiente para esta luz.

El Rambán enseña que dar *tzedaká* es la marca que permite identificar a una persona justa. Por tanto, deberíamos preocuparnos de la *tzedaká* más que de cualquier otro mandamiento

---

[26]Génesis 6:7,8
[27]Génesis Rabba, 43:6
[28]Génesis 18:19

positivo de la Torá.[29] A lo largo del Talmud de Jerusalén, la *tzedaká* es referida con igual importancia que el aprendizaje de la Torá, como está ejemplificado por la relación entre Zabulón e Isacar, dos hermanos e hijos de Jacob. Isacar era un gran erudito y juez. Zabulón era un marino mercante exitoso que sostenía a Isacar en su aprendizaje de la Torá, por lo que recibió la mitad de la recompensa de Isacar.

Ninguna persona se ha empobrecido por dar *tzedaká*, como dice (Proverbios 28:27), *"Quien da a un pobre no carecerá de nada"*. De hecho, dar *tzedaká* trae riqueza a la persona.[30] Cada moneda que una persona da para *tzedaká* es una inversión en el Mundo por Venir. Y durante la vida terrenal de uno, no hay fuerza del mal que la *tzedaká* no pueda vencer, como dice, *"Quienquiera que actúe con misericordia recibe misericordia en retorno"*.[31]

El Rambán[32] enseña que hay ocho niveles básicos al dar *tzedaká*:

1. El nivel más alto, por encima del cual nada se eleva, corresponde a apoyar a un hermano israelita al darle una donación o préstamo, o entrar en sociedad con él, o encontrarle empleo, con el propósito de fortalecer su mano hasta que ya no necesite ser dependiente de otros, como dice, *"Si se empobreciera tu hermano y carece de medios en tu proximidad, lo afirmarás, sea* guer *o* toshav, *para que pueda vivir contigo"*.[33] Como dice el refrán, *"Dale a un hombre un pescado y lo alimentarás por un día; enséñale a pescar y lo alimentarás por el resto de su vida"*.

2. Un nivel inferior al anterior corresponde a dar al pobre sin conocer quien es, y sin que el receptor conozca a su benefactor. Esto es cumplir una *mitzvá* simplemente por la gloria de Dios. Es como el fondo anónimo que había en el Santo Templo. Allí los justos daban en secreto y los justos pobres recibían en secreto. Dar a un fondo de caridad es similar a esto, pero uno no debería contribuir a un fondo de caridad a menos que conozca que el fondo es administrado por gente responsable, sabia y digna de confianza, como Rabí Janania ben Teradión.[34]

3. Un nivel inferior al anterior se presenta cuando uno conoce a quien da, pero el receptor no conoce al benefactor. Hubo grandes sabios que se aproximaban en secreto y ponían monedas en las puertas de los pobres. Es loable y bueno hacer esto, particularmente si quienes administran los fondos de caridad no son dignos de plena confianza.

4. Un nivel inferior al anterior corresponde a cuando uno no conoce a quien da, pero el receptor sí conoce a su benefactor. Los más grandes sabios solían atar monedas a vestimentas de lino y arrojarlas a sus espaldas; de esta manera, cuando los pobres aparecían y sacaban las monedas de las vestimentas, no eran avergonzados.

5. Un nivel inferior que el anterior se manifiesta cuando uno da directamente en la mano del pobre, pero lo hace antes de que él lo pida.

6. Un nivel inferior al anterior se presenta cuando uno da directamente en la mano del pobre, después de que él lo pide.

7. Un nivel inferior al anterior se tiene cuando uno da menos de lo que es apropiado, pero lo da de buena manera y con una sonrisa.

8. Un nivel inferior que el anterior se manifiesta cuando uno da a regañadientes.

---

[29] Mishné Torá, Leyes de Caridad 10:1
[30] Talmud de Babilonia, Taanit 9a, Tosefot...asser.
[31] Mishné Torá, Leyes de Caridad 10:2
[32] Ibid. 10:7-14
[33] Levítico 25:35. Este verso incluye al *guer toshav* (noájida) en la categoría de Israel con respecto a su derecho a recibir *tzedaká* si vive en Tierra Santa (Ibn Ezra). Si el *guer toshav* puede recibir *tzedaká*, entonces más aún debería darla si está en condiciones de hacerlo.
[34] Rabí Janania ben Teradión fue un rabino de la segunda centurian quien administraba un fondo de caridad tan escrupulosamente que, una vez, su propio dinero designado para Purim se mezcló accidentalmente con los fondos de *tzedaká*, así que lo dió todo a los pobres.

El Talmud[35] cuenta sobre la ocasión en que Rabí Akiba tuvo una visita de un astrólogo caldeano quien le dijo que el día en que su hija ingresara en la cámara nupcial, una serpiente la mordería y moriría. Rabí Akiba se alarmó por esto. En el día de su boda, su hija tomó una horquilla y la incrustó entre las piedras de la pared. El pasador se hundió en el ojo de una serpiente. La siguiente mañana, cuando ella sacó la horquilla de las piedras, la serpiente cayó en el piso, muerta.

"*¿Qué hiciste para merecer esto?*" le preguntó su padre. "*Un hombre pobre vino a nuestra fiesta de bodas la noche anterior*", ella replicó, "*y todos estaban ocupados en el banquete, así que nadie podía ayudarle. Entonces tomé la porción que me fue dada a mí y se la di*".

"*Haz hecho una mitzvá*", le dijo a su hija. De ahí en adelante, Rabí Akiba enseñó, "*La tzedaká salva de la muerte y no simplemente de la muerte por causas no-naturales, sino de la muerte misma*".

Sobre la *tzedaká* hay dos versículos de los Profetas que trabajan juntos: "*EscuchaMe, tú de corazón duro que estás lejos de la tzedaká*",[36] y "*Sacaré de ti el corazón de piedra de tu carne y te daré un corazón de carne*".[37] Este es el *guer* que ha sido llevado de las furiosas aguas del Diluvio de Noaj a la misericordia de Abraham, y quien entiende el significado de la *tzedaká*, como dice (Isaías 32:17), "*El acto de tzedaká será paz, y el servicio de tzedaká será tranquilidad y seguridad hasta la Eternidad*". Y crear *guerim* es la máxima *tzedaká*, porque da vida al pobre en espíritu.

2.4   Las tiendas de Shem

Noaj bendijo a sus hijos, diciendo, "*Bendito es el Señor, el Dios de Shem; y que Canaan sea su sirviente. Dios expanda a Yafet, pero habitará en las Tiendas de Shem*".[38]

Dondequiera que el conocimiento de Dios es aprendido, allí se encontrarán las Tiendas de Shem. Noaj fue un hombre completamente justo en sus generaciones, pero la rectitud de Shem alcanza a todas las generaciones.

El *Arizal*[39] enseña que una tienda es parte vestuario y parte vivienda. Tiene las características de ambos porque contiene la esencia de ambos. Esto es el nivel espiritual de *Keter* (Corona), la Fuente de las *Sefirot*, donde Emanador y emanación existen como Uno.

Las Tiendas de Shem incluyen a toda yeshivá que haya existido o que vaya a existir. Las Tiendas de Shem incluyen a las tiendas de Abraham y Sara, las tiendas de Jacob, la tienda de Moisés, el Tabernáculo y el Santo Templo.

La *Shejiná* (Divina Presencia) yace únicamente en las Tiendas de Shem.[40]

La Torá de Shem puede ser entendida al mirar la Tienda de donde emergió, es decir, la Yeshivá de Shem y Eber. Todo niño judío observante sabe que Rebeca fue a la Yeshivá de Shem y Eber para consultar con los profetas sobre su difícil embarazo de Jacob y Esaú. Y también sabe que Jacob aprendió en la Yeshivá de Shem y Eber durante catorce años en su camino para encontrar esposa en Paddan-Aram. Pero pregunte a este mismo niño o a cualquier adulto qué fue aprendido en la Yeshivá de Shem y Eber o pregunte sobre cualquier cosa acerca de la yeshivá, y difícilmente uno estará en capacidad de responder. Porque la naturaleza de la Torá de Shem es oculta. No importa cuan revelada parecería estar, está oculta.

---

[35]Talmud de Babilonia. Shabat 156a

[36]Isaías 46:12

[37]Ezequiel 36:26

[38]Génesis 9:26,27

[39]Rabí Isaac Luria Ashkenazi (1534-1572), considerado el más grande de los Cabalistas, quien recibió la tradición directamente de la boca de Elías el Profeta. El gran cuerpo de sus enseñanzas fue dado a su principal talmid, Rabí Jaim Vital, en Tsfat durante dos años, 1571 y 1572.

[40]Rashí a partir de Midrash Rabba sobre Génesis 9:27.

Ohr HaGanuz (La Luz Oculta)

Rabí Iosef Caro, autor del *Shulján Aruj* (Código de la Ley Judía), dijo que la Torá de Shem es la *Ohr HaGanuz*, la Luz Oculta, y la luz de la Casa de David.[41]

En el primer día de la creación, cuando Dios dijo, *"Que haya luz"*, no era una luz física. El sol y la luna no estuvieron en los cielos hasta el cuarto día. Era la luz santa de la *Shejiná*, la revelación de Dios. Esta luz brillante continuó resplandeciendo hasta la noche siguiendo al primer Shabat cuando se la ocultó de los justos. Esta es la *Ohr HaGanuz*, la Luz Oculta.

El Midrash dice que Noaj fue seriamente lastimado por un león hambriento que no fue alimentado a tiempo. Y, por ello, Shem corrió hacia el Jardín de Edén para conseguir una cura para las heridas de su padre. Mientras estuvo en el Jardín, comió del árbol de la Vida y bebió de las fuentes que alimentaban al Árbol de la Vida.

Shem retornó con un bálsamo curativo para su padre. Y también retornó con la Torá, que es el Árbol de Vida, como dice (Proverbios 3:18), *"Es un Árbol de Vida para aquellos que se aferran a ella"*.

La Torá de Shem recibida en el Jardín de Edén era la *Ohr HaGanuz* y la luz de la Casa de David, luz que está escondida para los justos. Hay un relato del Baal Shem Tov[42] que tiene que ver con este exaltado nivel de Torá:

Rabí Dov Ber de Mezeritch escuchó sobre la gran reputación del santo rabí, el Baal Shem Tov, y sobre las multitudes que siempre viajaban hacia él, y sobre las grandes y maravillosas cosas que sus oraciones conseguían.

Por cierto, Rabí Dov Ber era un erudito de la Torá brillante y talentoso. Tenía dominio sobre el Talmud y todos sus comentarios, y tenía diez manos de la sabiduría de la Cabalá. Y aún así, estaba asombrado por los reportes del elevado nivel espiritual del *Besht*.[43] Así que decidió viajar hacia él y probarlo.

Rabí Dov Ber estudiaba constantemente Torá. Pero cuando ya estaba de viaje por un día o dos, se le volvió imposible concentrarse en su aprendizaje como cuando estaba en su propia oficina, así que empezó a lamentar haber hecho el viaje.

Finalmente llegó al *Besht* y esperaba escuchar palabras de Torá de él. Pero el *Besht* contó una historia sobre una ocasión en que él estaba viajando varios días y no quedaba pan para compartir con el cochero. Y así, encontró a un hombre pobre con un saco de pan y le compró suficiente para satisfacer el hambre del conductor. Él contó varias historias como esta.

Al día siguiente Rabí Dov Ber vino nuevamente al Baal Shem Tov. Esta vez él contó una historia de cuando estaba viajando y la comida para los caballos se estropeó. Así que buscó en los alrededores hasta que encontró a un hombre pobre con un saco de comida.

La verdad secreta es que cada uno de los relatos que contó el Baal Shem Tov tenían gran sabiduría y revelaciones maravillosas escondidas dentro de ellas para aquellos que las entendieran. Pero Rabí Dov Ber no las entendía.

Rabí Dov Ber retornó a la posada donde se estaba alojando y dijo a su sirviente, *"Quiero viajar esta noche, inmediatamente. Pero puesto que es una noche realmente oscura, esperaremos hasta que la luz de la luna aparezca y entonces nos pondremos en marcha"*.

En torno a la media noche, mientras Rabí Dov Ber estaba preparándose para viajar, un sirviente del Baal Shem Tov vino a la posada para llevarlo de vuelta al *Besht*. Estaba disgustado pero siguió al sirviente.

Cuando llegó, el Baal Shem Tov le preguntó si sabía como aprender Torá. Rabí Dov Ber respondió que sí.

---

[41] Magged Meshorim, Vayeshev

[42] Rabí Israel ben Eliecer (1698 - 1760), el padre del Movimiento Jasídico. Baal Shem Tov quiere decir maestro de buen nombre.

[43] Un acrónimo para Baal Shem Tov.

El Baal Shem Tov dijo, *"Sí, escuché que sabes como aprender"*.

Y entonces el *Besht* le preguntó si tenía algún conocimiento de la sabiduría de la Cabalá. Y él dijo, *"Sí"*.

El *Besht* dijo a su sirviente, *"Tráeme el Sefer Etz Jaim[44]"*.

El sirviente retiró un gran volumen de la estantería. El *Besht* lo abrió y mostró un pasaje específico a Rabí Dov Ber, y le pidió que explicara el significado simple del pasaje. Rabí Dov Ber estudió el pasaje, consideró su significado, y entonces lo explicó.

El *Besht* le dijo, *"No sabes nada"*.

Rabí Dov Ber tomó nuevamente el libro y leyó el pasaje cuidadosamente y entonces dijo, *"La interpretación es correcta en la manera en que lo dije. Si tienes una mejor explicación, por favor dímela y estaré gustoso de escuchar la verdad"*.

El *Besht* le dijo, *"Ponte en pié"*. Y se paró. Ese pasaje particular contenía los nombres de muchos ángeles. Al momento en que el *Besht* empezó a recitarlo, la casa se llenó de luz y fuego celestial los rodeó, y contemplaron con sus ojos físicos a los ángeles a medida que eran mencionados.

El Baal Shem Tov entonces le dijo a Rabí Dov Ber, *"La interpretación que diste era una aceptable en la forma en que la enunciaste, pero tu aprendizaje carecía de una neshamá (alma)"*.

Inmediatamente, Rabí Dov Ber ordenó a su sirviente que regresara a casa mientras el permanecía con el Baal Shem Tov para aprender de él. Eventualmente, se volvió su discípulo y sucesor. Esta historia fue contada de la boca de Rabí Dov Mer, el Maggid de Mezeritch.[45]

Y el Baal Shem Tov enseñó, *"Que tu camino siempre se dirija a Hashem"*.

Esta es la Torá de Shem. No es sólo un mapa, sino que también es territorio.

Alcanzando las alturas con la Torá noájida

La Torá noájida es diferente de la Torá israelita pues la Torá israelita es una Torá física y la Torá noájida es una Torá espiritual.[46]

La Torá israelita es una Torá física porque permite al judío elevar el mundo físico a la *kedushá* (santidad). Por ejemplo, la Torá ordena al judío tomar cuatro especies de vegetación - un *etrog* (cidra), una *lulav* (hoja de palma), tres *jadassim* (ramas de mirto) y dos *aravot* (ramas de sauce) - envolverlas juntas y sacudirlas durante el festival de Sukkot. El judío las sacude hacia este y oeste, hacia norte y sur, de ariba a abajo, y, al hacerlo, nulifica el mundo físico hacia la santidad pues se cumple una *mitzvá* de la Torá. Esta dinámica es la misma de muchas *mitzvot* - comer *mitzvá* en Pesaj, escribir un rollo de Torá con tinta sobre un pergamino, encender las velas de Shabat y hacer *kidush* sobre una copa de vino.[47]

La Torá noájida es una Torá espiritual pues permanece separada del mundo físico. Ninguna de las *mitzvot* ordenadas a *B'nai Noaj* requiere el uso de un objeto físico. Las Siete Leyes de Noaj no elevan al mundo a la *Kedushá*. Ellas le permiten al noájida ganar recompensa en este mundo y en el Mundo Eterno. La misión básica del noájida es refrenarse de venerar ídolos, refrenarse de asesinar a personas, refrenarse de robar cosas, etc. y obtiene, como recompensa, un lugar en la Vida Eterna. Bajo cualquier estándar este es un excelente trato. Pero es incompleto, pues no permite al noájida alcanzar las alturas sobre alas espirituales mientras está en un cuerpo en este mundo físico.

Sin embargo, hay dos maneras en que un noájida puede elevar el mundo físico (incluyéndose él mismo) hacia la santidad. Una es al alcanzar profecía. La otra es al traer un sacrificio al Santo Templo.

---

[44] El Libro del Árbol de la Vida, la obra magna del Arizal como fue registrada por Rabí Jaim Vital

[45] Kesser Shem Tov, Parte il, página 23a.

[46] Hay una sola Torá. La Torá israelita y la Torá noájida son dos aspectos de la única Torá.

[47] El encendido de velas de Shabat y la ejecución del Kidush sobre una copa de vino son edictos rabínicos.

El noájida trae su pequeño cabrito al Templo. El Kohen (sacerdote judío) lo recibe de él, lo inspecciona, entonces lo ofrece sobre el *Mizbeyaj*, el Gran Altar, en nombre del noájida. La carne del cabrito, su pelaje, piel y huesos son transformados de materia animal mundana a la santidad del más alto nivel. Y el alma del noájida se eleva a lo alto con el aroma de la columna de humo. Los Serafim de *Briá* (Creación), el mundo del Trono de Gloria son nutridos por su ofrenda.[48]

Tristemente, no hay Templo hoy en día en Jerusalén. Pero Dios es bueno. De la misma manera en que el noájida hace equipo con el Kohen para presentar un sacrificio, el puede hacer equipo con cualquier judío para cumplir cualquier *mitzvá*, y su alma se elevará hasta lo más alto como cuando ofrecía su sacrificio en el Templo. Este es el secreto de Zejariá (Zacarías) 8:23, "*Así ha dicho el Señor de los Ejércitos: en aquellos días diez hombres de todas las lenguas de las naciones se aferrarán de la esquina de la vestimenta de un judío, y dirán, 'iremos contigo, pues hemos escuchado que Dios está contigo'*".

La "esquina de la vestimenta" son los *tzitzit* (cuerdas anudadas) que están atados a las cuatro esquinas de la vestimenta, "*Serán sus tzitzit para ustedes, y los verán y recordarán todos los mandamientos del Señor y los obedecerán*".[49]

La Torá de Shem y Abraham

La otra avenida de ascenso espiritual disponible para el noájida es el camino de la profecía. Para caminar este camino, una persona debe refinar sus pensamientos, habla, acciones y cuerpo físico para convertirse en un recipiente para la Luz Divina. Esto abre su canal de comunicación Divina y lo mantiene abierto, como el artista Peter Max enseñó, "*La meta no es trabajar sobre la pintura, sino trabajar sobre el lugar en tu interior que permite que la pintura exista*".

De acuerdo al Rambam, "*La profecía es otorgada sólo a un hombre muy sabio, de carácter fuerte, que nunca claudica ante sus deseos animales y es físicamente saludable*".[50] Esto no contradice la enseñanza de que todos los nombres son definidos por profecía.

Sefer Yetzirá - El Libro de la Creación[51]

Así como la Yeshivá de Shem y Eber fue la primera escuela en el mundo, así el *Sefer Yetzirá* (el Libro de la Creación) fue el primer libro de la Torá.[52] El *Sefer Raziel* es más antiguo, pero el *Sefer Raziel* no encaja en la tradición aceptada de la Torá porque provino de la mano de un ángel. La Torá auténtica viene únicamente de dos fuentes: de Moisés en el Sinaí y de Eliyá el Profeta.[53] La única excepción es el *Sefer Yetzirá* que antecede a Sinaí por cuatrocientos años.

El *Sefer Yetzirá* es aceptado como auténtico porque los grandes sabios han establecido que Abraham fue su autor.[54] De acuerdo con el comentario clásico de Rabí Eliezer Rokeach[55] sobre el *Sefer Yetzirá*, Shem le enseñó a Abraham muchas de las tradiciones más antiguas que eventualmente se convirtieron en los seis capítulos cortos del *Sefer Yetzirá*.[56]

---

[48]Mishkanay Elyon por Rabí Moshe Jaim Luzzatto, el Ramjal, zy"a.

[49]Números 15:39. El valor numérico es 600 más 8 tiras y 5 nudos en cada esquina da como resultado 613, el número de mitzvot de la Torá. También, el color de las tiras azules en cada esquina recuerda a uno el océano que le recuerda el cielo, que le recuerda el Trono de Gloria.

[50]Mishné Torá, Leyes de los Fundamentos de la Torá 7:1

[51]Una traducción más exacta de *Sefer Yetzirá* es El Libro de la Formación. Creación implica crear algo a partir de la nada. Formación implica dar forma a una sustancia elemental, tal como la formación del hombre a partir del polvo de la tierra.

[52]Las enseñanzas místicas de la Torá.

[53]Shaarei Avodá, el Strasheler Rebé, Introducción.

[54]Pardes Rimonim, 1:1

[55]Rabí Eliezer de Wurms (1165 - 1230)

[56]Sefer Rokeach (Jerusalén 1967), p.19

Rabí Aryeh Kaplan llamaba al *Sefer Yetzirá* el más antiguo y más misterioso de todos los textos Cabalísticos. Su traducción y comentario[57] es el más comprensivo en idioma inglés. El punto de vista de Aryeh Kaplan es que el *Sefer Yetzirá*, cuando es entendido apropiadamente, constituye un manual de instrucción para una forma de meditación que fortalece la concentración y *"ayuda al desarrollo de poderes telepáticos y de telequinesia"*. Esto es ciertamente similar a la profecía.

El *Sefer Yetzirá* es parte de la tradición oral. Los seis capítulos están divididos en sesenta y dos breves enseñanzas, que fueron transmitidas oralmente de maestro a estudiante de Shem a Abraham y de Abraham a Isaac, etc. hasta el segundo siglo de la Era Común, cuando se le atribuye a Rabí Akiba el haber recopilado las versiones existentes en un único texto consolidado.

Extractos del Sefer Yetzirá

Capítulo 1:1:

Con 32 maravillosos caminos de sabiduría, *Yah*,
el Señor de los Ejércitos,
el Dios de Israel, el Dios viviente y Rey del universo,
El Shaddai, Misericordioso y Compasivo,
Elevado y Exaltado, que mora en la Eternidad,
Cuyo Nombre es Santo, Noble y santo es Él,
grabó y crea Su mundo con tres libros:
con texto, con número, y con comunicación.

Comentario

Los 32 caminos: son las Emanaciones Divinas (*Sefirot*) y las 22 Letras [del alfabeto hebreo].[58]

Maravilloso: más allá de la comprensión humana.

Grabó: Dios "grabó" una constricción en Su Luz Eterna y creó el mundo dentro de esa constricción.

Texto: las Letras del alfabeto hebreo.

Número: números del 1 al 9 y el 0.

Comunicación: Palabras formadas de letras, y cálculos usando números (fechas, distancias, etc.), relatos, lecciones, y leyes.

Capítulo 1, Mishná 8:

Diez *Sefirot* de la nada. Refrena tu boca de hablar [de ellas]
y tu corazón de pensar.
Y si tu corazón corre, retorna al Lugar.
Por tanto, está escrito (Ezekiel 1:24),
"Y los Jayot *(Ángeles) corrían y regresaban"*.
Respecto a esto un pacto fue hecho.

Comentario

Sefirot: Las *Sefirot* son los atributos de Dios, sea Él bendecido, que Él manifiesta por las necesidades de los seres creados, pues no existe atributo alguno con respecto a Su perfección y existencia esencial.[59]

---

[57]Publicado por Samuel Weiser, Inc.
[58]Shaarei Tzedek (comentario sobre Sefer Yetzirá), p.16.
[59]Rabí Moisés Jaim Luzzato, zy'a, Sefer Clalim 1:1.

La nada: sin forma ni substancia; más allá de la comprensión del intelecto humano.

Refrena tu boca: hablar o pensar acerca de las *Sefirot* implica darles una referencia física, pues el hombre piensa en términos físicos. Sin embargo, es posible meditar sobre las *Sefirot* y experimentarlas.

el Lugar: Dios, sea Él bendecido, es el Lugar del mundo.

los Jayot: una categoría de ángeles.

corrían y regresaban: el crecimiento espiritual es descrito como correr a Dios y retornar. Correr a Dios aparta lo mundano. Retornar trae consigo bendiciones y santidad de Dios, sea Él bendecido.

Abraham: el amado de Dios

Noaj es el padre biológico de todos en la tierra. Abraham es su padre espiritual. Noaj los trajo al mundo. Abraham les entregó el Mundo por Venir.

Abraham no limitó su servicio a Dios a las Siete Leyes de Noaj. Aún cuando la revelación de Sinaí esperaría otros cuatrocientos años, Abraham, por profecía y por la tradición que recibió de Shem, fue capaz de observar todas las 613 mitzvot de la Torá.[60] Abraham fue el padre y modelo a seguir de todos los *guerim*, como el Rambam enseñó,[61] "*Las acciones de los padres son señales para los hijos*".

Dios puso a Abraham por encima de los ángeles. Después de que Adán pecó fue puesto bajo la supervisión de los ángeles guardianes de las naciones del mundo. El Talmud[62] nos cuenta que Adán fue alimentado con carne asada por los ángeles. Esto significaba que el sustento de Adán provenía de los ángeles, no directamente de Dios. Este no fue el caso de Abraham.

Tres días después de que Abraham fue circuncidado, tres ángeles disfrasados de viajeros humanos aparecieron delante de su tienda. Abraham, con el dolor de la circuncisón, dejó de hablar con Dios, y corrió a saludar a los visitantes. Abraham amaba tanto la *mitzvá* de proveer comida y alojamiento a los viajeros, que puso de lado su dolor para ofrecer hospitalidad a estos extraños. Abraham alimentó a los ángeles con mantequilla y lengua de ternero y mostaza y pan sin levadura, porque era Pascua. Y los ángeles comieron de la comida de Abraham. Este fue un gran milagro, pues los ángeles no comen alimento terrenal. Los ángeles son completamente espirituales sin un sistema digestivo que les permitiera ingerir comida. Y, sin embargo, Dios hizo que los ángeles trascendieran su naturaleza y comieran alimento terrenal, para mostrar que, en el futuro, el sustento de los ángeles provendría de los sacerdotes judíos, quienes son la simiente de Abraham y quienes ofrecerán sacrificios al Dios de Israel en el Santo Templo.[63]

Abraham era un astrólogo consumado. Él sabía que su destino y el de Sarah, su *mazal*,[64] era no tener hijos. Pero Dios, sea Él bendecido, elevó a Abraham y a Sarah por encima de su destino natural. Originalmente sus nombres eran Abram y Sarai. Dios entonces añadió una letra *Hey* al nombre de Abram para volverse Abraham; y Él cambió una letra *Yod* por una letra *Hey* de manera que sarai se volvió Sarah , como dice, "*Y Dios dijo a Abraham: 'En cuanto a Sarai, tu esposa, no la llames por el nombre de Sarai, porque Sarah es su nombre. La bendeciré y, por cierto, te daré un hijo a través de ella; la bendeciré y ella será madre de naciones, reyes de pueblos nacerán de ella*'", (Génesis 17:15,16).

---

[60] Y algunos dicen que incluso observó decretos rabínicos e interdictos.

[61] Comentario a Génesis 12:6.

[62] Sanedrín 59b.

[63] Mishkanay Elyon, Rabí Moshe Jaim Luzzato, el Ramjal, zy"a.

[64] Esto es similar al sino Natural, lo que los Hindús llaman *karma*. Es un sistema de justicia sin misericordia. El Dios de Abraham dirige el mundo tanto con justicia como misericordia, una justicia que es también misericordia.

La *mazal* de Abram y Sarai era no tener hijos, pero la *mazal* de Abraham y Sarah era traer al mundo a un hijo, Isaac. E Isaac engendró a Jacob, Jacob engendró a Leví, Leví engendró a Kehot, Kehot engendró a Amram, y Amram engendró a Moisés, Aarón y Miriam. Y el pueblo salió de Egipto al desierto con Moisés y acampó en Sinaí. Y un nuevo pacto fue establecido entre Dios e Israel. Y a los *guerim* se les dió un lugar en ello, como dice (Deuteronomio 10:17), "*Amen al* guer, *pues fueron* guerim *en la tierra de Egipto*".

Malkitzédek: el rey perfecto y sacerdote de Dios

Shem parece jugar un rol menor en la narrativa bíblica, pero la verdad es que es un activador y energizante primario de Israel y del *guer*. Superlativo es el flujo de energía Divina entre Shem y Abraham, que es la interface entre Caos y Orden, y viene únicamente de *El Elyon*, Dios Altísimo, el Nombre de Dios que indica Consideración y Misericordia sin Juicio alguno, redención absoluta y total a partir de la cual no hay caida.

El Libro de Génesis[65] nos cuenta que en los días de Abraham, una guerra enfrentó a cuatro reyes contra cinco. El sobrino de Abraham, Lot, estuvo en el lugar equivocado en el tiempo equivocado y fue capturado por los cuatro reyes invasores, quienes saquearon la riqueza de Sodoma y Gomorra y siguieron su camino.

Cuando Abraham se enteró de lo sucedido, formó una milicia de 318 hombres de su casa.[66] Persiguieron a los cuatro reyes, los vencieron en batalla, rescataron a Lot y trajeron de vuelta el botín de guerra. Esta fue una muestra de fuerza formidable, incluso milagrosa, que levantó admiración de los Canaanitas en los alrededores.

Cuando regreaban de la batalla, Abraham y su ejército doméstico descansaron en el Valle de Shavé fuera de las murallas de Jerusalén.

Malkitzédek, el rey de Jerusalén y sacerdote del Dios Altísimo, trajo pan y vino a los agotados hombres. Este mismo Malkitzédek fue el primero en construir una muralla en torno a Jerusalén.[67]

Del libro de Génesis 14:18-20

14:18 Pero Malkitzédek, rey de Shalem, trajo pan y vino;
era sacerdote de *El Elyon*, Dios Altísimo.
14:19 Y lo bendijo, y dijo: "Bendito es Abram del Dios Altísimo,
Creador de los cielos y la tierra;
14:20 y bendito sea Dios Altísimo, que ha entregado tus enemigos en tu mano".
Y él (Abraham) le dió un décimo de todo (el botín).

Este encuentro de Malkitzédek y Abraham es más que un momento histórico. Abre el canal de Dios para el flujo de libertad y santidad hacia el mundo para siempre.

Y, ¿quién es este Malkitzédek, el primer rey y el primer sacerdote mencionado en la Torá? No es otro que Shem, el hijo de Noaj, usando las vestimentas de reinado y sacerdocio.[68]

Del Zohar Jadash[69]

El Santo, bendito sea Él, tomó a Shem el hijo de Noaj
y lo hizo sacerdote del Dios Altísimo para servirLo,
y Su Shejiná descansó sobre él.
Y Él lo llamó Malkitzédek, Rey de Shalem.
Y su hermano, Yafet, aprendió Torá de él en su yeshivá.

---

[65] Génesis 14:1-17
[66] Génesis 14:14
[67] Sefer Dorot 9b
[68] Targum Yonatan, Génesis 14:18-20; Talmud de Babilonia, Nedarim 32b.
[69] Zohar Jadash, Parashat Noaj p.22 (Sulam).

Y entonces Abraham vino y enseñó Torá en la Yeshivá de Shem.
Y el Santo,bendito sea Él, volvió su atención a Abraham y olvidó a los otros.

Por ello, Abraham rezó delante del Santo, bendito sea Él,
para que Su Shejiná siempre morara en la Casa de Shem,
y Él consintió, como dice, (Salmos 110:4),
"Eres un sacerdote para siempre de acuerdo a mi palabra, Malkitzédek".

Hay una opinión en el Talmud[70] que sugiere que, debido a que Malkitzédek bendijo a Abraham antes de bendecir a Dios, el sacerdocio le fue quitado como castigo y entregado a Abraham.

El *Ohr HaJaim*[71] no concuerda y sostiene que Malkitzédek confirió voluntariamente el sacerdocio a Abraham.

Es difícil aclarar esto. El hecho es que Malkitzédek nunca perdió el sacerdocio y Abraham nunca lo recibió. Después de Malkitzédek, la siguiente persona mencionada en la Torá como un sacerdote es Aarón, el hermano de Moisés. Aarón es un descendiente, hijo después de hijo, tanto de Shem como de Abraham.[72]

Podemos responder a la opinión que sostiene que Malkitzédek bendijo a Abraham antes de que bendijera a Dios. Es posible decir que Malkitzédek de hecho bendijo a Dios primero. Volvamos a ver Génesis 14:19. Se lee: *"Y lo bendijo, y dijo: 'Bendito es Abram del Dios Altísimo, Creador de los cielos y la tierra'"*.

El *Ohr HaJaim* mantiene que si esto fuera una sola bendición, se leería, *"Y lo bendijo, diciendo..."*. Pero puesto que está escrito *"Y lo bendijo, y dijo..."*, indica que *"Y lo bendijo"*, es una bendición, y *"dijo..."* es una bendición separada.

Una vez que hemos establecido, *"Y lo bendijo"*, como su propia bendición, se refiere lógicamente a Dios Altísimo en el versículo previo, como se puede ver claramente:

14:18 Pero Malkitzédek, rey de Shalem, trajo pan y vino;
era sacerdote de *El Elyon*, Dios Altísimo.
14:19 Y Lo bendijo (a Dios Altísimo), y dijo: "Bendito es Abram del Dios Altísimo,
Creador de los cielos y la tierra;

Por tanto, Malkitzédek bendijo a Dios primero, no cometió error, y no perdió el sacerdocio. La Torá misma testifica que Malkitzédek no podría haber sido castigado por bendecir a Abraham, sin importar como lo hubiera hecho, como dice (Génesis 12:3), *"Y Yo bendeciré a aquellos que te bendigan y maldeciré a quienes te maldigan"*. ¿Podemos decir entonces que Malkitzédek bendijo a Abraham y fue maldecido por ello?

La explicación es que hay ciertos nódulos a lo largo del camino hacia el Mesías que deben aparecer bajo una luz negativa con el propósito de hacer un progreso en este mundo de oscuridad. Este es el programa de Lot y sus hijas y el programa de Judá y Tamar, de donde tenía que venir el linaje del Mesías a través de un camino tortuoso.

La bendición de Malkitzédek fue anunciada como una falla para enviar un mensaje a los "poderes impuros" que dice, *"¿Por qué preocuparse con esta simple bendición fallida? Vayan y hagan su trabajo sucio en otro lugar con pastos más verdes"*.

Pero, la verdad sea dicha, fue la bendición de Malkitzédek que preparó el camino para que Abram se convirtiera en Abraham y Sarai se convirtiera en Sarah. Y su bendición continua de

---

[70] Talmud de Babilonia, Nedarim 32b.
[71] Su comentario sobre Génesis 14:19. Rabí Jaim ben Attar (Ohr HaJaim 1696-1743) fue un Talmudista y Cabalista marroquí que escribió un comentario muy importante sobre el Jumash.
[72] Abraham es la novena generación, hijo después de hijo, descendiente de Malkitzédek. Por tanto, los descendientes de Abraham son también descendientes de Malkitzédek.

generación en generación, preparando al Abram y a la Sarai que todos tenemos dentro para que se eleve a Abraham y Sarah. Y es Malkitzédek, el Sacerdote Justo (*Kohen Tzédek*), quien es Shem y quien ungirá al Mesías como Rey de Israel, que suceda pronto en nuestros días.

* * * *

Es gracias a la Torá de Moisés que incluso llegamos a conocer los nombres Shem o Noaj, o Adán, Set y Enoc. Sin la Torá de Moisés, solo hay el torrente de mitos de civilaciones extintas. Por tanto, es obvio que la Torá de Shem existe únicamente por la Torá de Moisés. Pero, al mismo tiempo, es la Torá de Shem que despierta en su plenitud la herencia de Sinaí, como dice (Levítico 26:45), *"Pero por causa de ellos recordaré el Pacto de los Antiguos, por el que los saqué de la tierra de Egipto a la vista de las naciones, para que Yo fuera su Dios; Yo soy el Señor"*.

Comentario

Pacto de los Antiguos: Adán, Set, Noaj y Shem (Midrash Rabba sobre Levítico 26:45)

A la vista de las naciones: Cuando las naciones recuerden el Pacto de los Antiguos, despertarán y se volverán al Señor como su Dios, sea Él bendecido.

Yo soy el Señor: Cuando todas las naciones vengan al Dios de Israel, entonces el Señor será Uno y Su Nombre será Uno, y Su Reino será indiscutido sobre la tierra entera, como dice (Isaías 2:3), *"Y muchos pueblos irán y dirán, 'Vamos, subamos a la montaña del Señor, a la Casa del Dios de Jacob y Él nos enseñará sobre Sus caminos y caminaremos en ellos'"*.

Este es el *Olam Ha-Rajamim*, el Mundo de Misericordia, donde la naturaleza puede ser alterada y no hay juicios, sólo un flujo continuo de *Jesed* (Bondad) emanando de *El Elyon*, Dios Altísimo, sea Él bendecido.

3. Naamán - el guer típico

3.1 La historia de Naamán

Naamán[1] [2] fue el el nombre de un general del ejército arameo durante el período del Primer Templo, cuando el pueblo judío estaba dividido en dos reinos, el reino de Judea y el reino de Israel.

Naamán era un gran hombre a los ojos de su pueblo, los Arameos. A más de ser un general y gran guerrero, Naamán era la mano derecha del rey de Aram.[3] Pero la vida de Naamán no era para nada perfecta, tenía lepra.[4]

Naamán se convirtió en héroe para su pueblo cuando Dios les concedió a los arameos una victoria militar sobre Israel a través de él. Cuando la batalla empezaba, Naamán disparó aleatoriamente una flecha al aire. Golpeó y mató a Ahab, el rey de israel, provocando que las tropas judías se dispersaran y huyeran, dando la victoria a Aram.

Más o menos al mismo tiempo, los arameos habían enviado patrullas al interior de Israel. Una de ellas capturó a una chica judía, quien se convirtió en sirvienta de la esposa de Naamán. Cuando la muchacha vió que Naamán era leproso, dijo a su señora, *"Mi señor debería ir a lo del profeta que está en Samaria*[5] *y rogarle, y él lo curará de su lepra"*.

Naamán se presentó ante el rey de Aram y le contó lo que la sirvienta le había dicho. El rey respondió, *"Vé, y enviaré una carta al rey de Israel en tu beneficio"*. Naamán inmediatamente se preparó para viajar a Israel, llevando consigo diez talentos de plata, seis mil piezas de oro y diez túnicas de seda.

La carta del rey de Aram fue enviada al nuevo rey de Israel. Decía, *"Ten presente que te he enviado a mi siervo de confianza, Naamán, y tú has de curarlo de la lepra"*.

Después de leer la carta, el rey de Israel rasgó sus vestiduras y se lamentó, *"¿Tengo yo el*

---

[1] El relato de Naamán se encuentra en el Segundo Libro de Reyes, Capítulo Cinco.

[2] El nombre Naamán significa 'agradable' tanto en hebreo como en arameo. Es la contraparte masculina de Naomi (Naamá), el nombre de la suegra de Rut y el nombre de la esposa de Noaj, ambos personajes significativos en el mundo del gruer.

[3] La Aram bíblica es la actual Siria.

[4] En hebreo, *zaraath*. *Zaraath* puede interpretarse o bien como lepra o como una aflicción muy particular que puede ser diagnosticada y curada sólo por la intervención de un sacerdote judío, como está descrito en Levítico, capítulo 13. No es claro a cuál de las dos enfermedades se hace referencia, pero hemos traducido la palabra como lepra, puesto que la severidad de dicha enfermedad es bien conocida.

[5] Samaria estaba en el corazón del reino de Israel, aproximadamente 50 km al norte de Jerusalén.

poder de Dios para definir entre la muerte y la vida como para que este me envíe a un hombre
para que lo cure de lepra? Esto es sólo un pretexto para iniciar la guerra contra mí".

Cuando Elisha, el hombre de Dios, escuchó que el rey de Israel había rasgado sus vestiduras,
envió un mensaje al rey, diciendo, *"¿Por qué has rasgado tus vestiduras? Deja que el hombre*
venga a mí, así sabrá que hay un profeta en Israel".

Entonces, Naamán vino a la casa de Elisha, dejando a sus sirvientes y acompañantes a una
distancia, cabalgando solo hasta Elisha. Se paró a la entrada de la casa y anunció su presencia.
Elisha le envió un mensajero quien le dijo, *"Vé y sumérgete siete veces en el rió Jordán y tu*
carne será restaurada y serás sanado".

Naamán se puso furioso. Había hecho un largo viaje con muchos ayudantes que traían
regalos preciosos, y Elisha ni siquiera le dirigió la palabra personalmente, sino a través de un
sirviente.

Naamán dijo, *"Imaginé que él aparecería ante mí y clamaría en el nombre de su Dios, YHVH,*
y que levantaría su mano para señalarme con el dedo para curarme de la lepra. ¿No son Amaná
y Parpar, los ríos de Damasco, mejores que todas las aguas de Israel? ¿No me limpiaría si me
sumergiera en ellos?". Y se dió vuelta y se alejó con molestia.

Pero sus siervos lo abordaron y le dijeron, "Si el profeta te hubiera requerido una tarea difícil,
¿no la habrías ejecutado? Y sin embargo, todo lo que te pidió que hicieras es sumergirte en el río
y así sanarte".

Naamán reconoció la verdad de sus palabras y fue y se sumergió siete veces en el Jordán de
acuerdo a la palabra del hombre de Dios. Y su carne volvió a ser como la carne de chico. Y se
purificó. Él fue sanado.

Naamán regresó al hombre de Dios, él y toda su comitiva, y permaneció de pié delante de él
y dijo, *"Debes saber que ahora yo se que no hay Dios en toda la tierra excepto con Israel. Y*
ahora, por favor acepta este regalo de tu siervo".

Y Elisha dijo, *"Como que el Señor vive,[6] delante de Quien yo estoy parado, no lo aceptaré".*
Naamán trató de convencerlo para que acepte el presente, pero Elisha se rehusó.

Y Naamán dijo, *"Entonces por favor permite a tu siervo que le sea concedida una porción*
de tierra para que sea llevada por un equipo de mulas, pues tu siervo jamás volverá a ofrecer
sacrificios a otras deidades, sino únicamente, al Dios de Israel. Y por una cosa quiera el Señor
perdonar a tu siervo: cuando mi amo el rey viene a Bet-Rimmon[7] para postrarse allí, el toma mi
mano, y yo mismo debo prostrarme con el rey - quiera el Señor perdonar a tu siervo por esta
cosa".

Elisha le respondió con su bendición y dijo, *"Ve en paz".[8]*

Después de que Naamán partió y estuvo a alguna distancia, Gehazi, el discípulo y asistente
de Elisha el hombre de Dios, pensó, *"Mi maestro ha rehusado tomar algo de la mano de Naamán*
el arameo, de lo que trajo como regalo. Como que el Señor vive, correre hacia él y tomaré algo
de él". Y Gehazi fue en pos de Naamán.

Cuando Naamán vió a Gehazi correr en pos de él, descendió de su carruaje para saludarlo y
preguntó, *"¿Está todo bien?".*

Gehazi respondió, *"Todo está bien. Mi maestro me envió, diciendo, 'Justo en este momento,*
dos jóvenes discípulos de los profetas han venido a mi del Monte Efraín. Por favor concédeles
un talento de plata y dos túnicas de seda'".

Naamán dijo, *"Por favor, toma dos talentos".* Y ató dos talentos de plata y dos túnicas de
seda, y se las dió a sus siervos quienes los llevaron a Gehazi. Gehazi fue a un lugar secreto y

---

[6]Una expresión usada para emitir un juramento.

[7]El templo de una deidad pagana.

[8]En hebreo, *Lej L'shalom.* Esta es la misma bendición que Yetro le dió a Moisés en su partida para confrontar al
Faraón en Egipto. Literalmente significa "ve hacia la paz", pero usamos el castellano vernacular. Véase el Capítulo 5,
Yetro, el legado de un guer.

tomó las cosas de las manos de los siervos,[9] las escondió en su casa, y despidió a los siervos. Después, vino y se presentó ante su maestro.

Y Elisha preguntó, *"¿De dónde vienes, Gehazi?"*. Y el respondió, *"De ningún lugar en particular, por aquí y por allí"*.

Y Elisha le dijo, *"¿Mi corazón no te siguió cuando el hombre descendió de su carruaje para saludarte? ¿Viste esto como tu oportunidad de tomar plata y vestimentas lujosas para con ellas comprar árboles de olivo y viñas y ovejas y vacas y siervos y siervas? Ahora, tu recompensa será que la lepra de Naamán te afligirá a tí y a tus hijos por siempre"*. Y Gehazi se alejó, blanco como la nieve por la lepra.

3.2 El Esquema de Naamán

El relato bíblico sobre Naamán es más que un evento histórico que involucra a gente real. Es una alegoría que forma un patrón para cada *guer noájida*. Todo *guer* puede verse a sí mismo en Naamán, pues cada *guer* experimenta el Esquema de Naamán.

El relato de Naamán, el *guer* clásico, comienza antes de encontrarlo en el Libro de Reyes. No vemos el inicio. El inicio tiene lugar en los cielos antes del nacimiento de Naamán. Comienza con Dios eligiendo el alma de un *guer* y trayéndola a este mundo. En este caso particular, el alma es Naamán quien nació en una familia idólatra en Siria. Parecería que Naamán[10] está en proceso de rechazar la idolatría y elegir a Dios. Pero la verdad es que es Dios Quien elige a Naamán porque Él sabe que Naamán elegirá a Dios. Es una historia de amor.

En un cierto punto del Esquema de Naamán, este amor se manifiesta. Muy al inicio del relato en el Segundo Libro de Reyes, el amor se vuelve manifiesto cuando un milagro sucede para Naamán. Entra en batalla en contra de las previamente invencibles fuerzas de Ahab, el malvado rey de Israel.[11]

Ahab nunca había perdido una batalla. Muchos eruditos son desconcertados por esto. ¿Por qué debería otorgársele a un idólatra rey judío victorias de guerra repetidas? Esto es extraño cuando uno considera que Saúl, un rey israelita justo, perdió muchas batallas.

Y no sólo Saúl era justo. Sus soldados eran justos. Y los soldados de Ahab eran idólatras cuyas vidas estaban, por tanto, perdidas.

Ahab y sus hombres pueden haber sido malvados, pero tenían grandes almas. Y los hombres de Saúl, a pesar de ser justos, tenían almas de menor estatura. ¿Cuál fue la diferencia práctica? Tolerancia. Debido a que tenían grandes almas, Ahab y sus hombres se amaban y cuidaban los unos a los otros. En contraste, Saúl y sus hombres eran prejuiciosos y muchos se menospreciaban entre sí. Y la victoria en guerra es determinada en los cielos por un único rasgo humano, unidad, *ajdut* en hebreo, que requiere armonía y tolerancia entre todos.

En contra de este antecedente sobre la invencibilidad de Israel, el general arameo Naamán entra en batalla. Pone una flecha en su arco, lo prepara para máximo alcance y dispara al aire sin objetivo fijo. Y la flecha encuentra al rey Ahab, perforando su armadura, hiriéndolo mortalmente y dando término a la batalla. El ejército de Israel abandona el campo de batalla y regresa a casa. Los arameos fueron victoriosos. Dios había elegido al *guer* para ser instrumento de victoria en una forma milagrosa.

Naamán como todos en el campo de batalla podía elegir creer que el evento fue un milagro o una *mikré*, coincidencia. Pero aún si todos los demás soldados hubieran considerado como una dosis de buena suerte, Naamán sabía la verdad. Este fue un despertar del *guer*. Él mira la mano de Dios en acción. Tiene *gilui Shejiná*, la revelación de la Presencia Divina. Se da

---

[9]De acuerdo a Rashí, Naamán sospechaba de Gehazi, por lo que envió a sus sirvientes.

[10]De aquí en adelante, el nombre Naamán se refiere tanto al Naamán histórico como al *guer* genérico.

[11]*"Ahab hizo aquello que era malo a los ojos del Señor, más que todos antes de él"*, (I Reyes 16:30). Ahab se casó con Jezebel, una pagana no-judía. Juntos, introdujeron la adoración al Baal a Israel.

cuenta que Dios lo ha elegido. Esta es la esencia del Esquema de todo *guer*. Dios se muestra a sí Mismo ante Naamán y Naamán se da cuenta. Y continuará sucediendo hasta que Naamán toma una decisión que cambia su vida al abandonar la idolatría y aceptar los caminos de la Torá para caminar en Sus sendas. Naamán está afectado con lepra. Es esta aflicción lo que lo lleva directamente a la redención. Su lepra es la fase dos del Esquema de todo *guer*. No todos los *guerim* son tan afligidos como Naamán, pero algo siempre los separa de su ambiente inmediato. Ellos no se sienten más como el resto de los miembros de su familia o amigos. Ellos no piensan más de la manera que hacen los otros. Ellos ya no son capaces de ejercer su espiritualidad de la manera en que los otros lo hacen.

El *guer* se ha vuelto un ser diferente, un leproso a sus propios ojos, y su condición de diferente ya no lo abandonará. Si se atreviera a divulgar sus pensamientos radicales, otras personas intentarían disuadirlo o le dirían que necesita un siquiatra o le tildarían de hereje. Dios se está comunicando con él y la gente se siente amenazada por ello. El *tikun* (rectificación) de esto es la búsqueda de un profeta en Israel, aún cuando el Talmud[12] nos cuenta que la profecía ha estado ausente de Israel desde los primeros días del Segundo Templo, unos 2400 años atrás. Esto parece una paradoja.

Uno de los ejemplos más notables de este dilema fue Juana de Arco, una chica de granja del siglo quince, que a la edad de dieciocho años llevó a Francia a la batalla en contra de Inglaterra, afirmando que la voz de Dios le instruía para que guiará su ejército en su país a la victoria. Y continuó para ganar una sorprendente serie de victorias militares. Al final, la Iglesia la condenó como hereje y la quemó en la hoguera por afirmar que Dios le habló.

Todo *guer* es una amenaza al status quo de una sociedad idolátrica. Es esta alienación que forza al *guer* a encontrar refugio en Dios y lo mueve al camino de amor.

Ahora viene la tercera fase del Esquema de todo *guer* - el momento judío. En el caso de Naamán, una joven judía fue secuestrada por arameos y llevada a Damasco donde se volvió sirvienta en la casa de Naamán. Todo *guer* tiene un momento judío. Y puede repetirse una y otra vez.

El momento judío puede tener lugar en un parque o en un supermercado o en cualquier parte. Justamente en el momento en que una persona está teniendo un pensamiento espiritual, alguien aparecerá vistiendo una Estrella de David o sus ojos caerán en un periódico que tiene a Israel en los titulares. Es Dios reforzando los pensamientos del *guer* conectándolo con algo judío. Al menos esto es como el *guer* lo visualiza. Terceros en el entorno pueden ver esto como mera coincidencia. El *guer* lo contempla como una manifestación de la Divina Providencia.

Dios le dijo al profeta Eliyá en la cima del Monte Sinaí que de los millones de judíos que vivían en el norteño reino de Israel, sólo siete mil no habían adorado al Baal.[13] Pero la muchacha judía que los arameos secuestraron justamente era temerosa de Dios (otra coincidencia aparente). Ella le dice a la esposa de Naamán que hay un profeta del Dios de Israel y que Naamán debería ir a él para que lo cure de la lepra. Y será mediante un milagro porque la lepra era incurable.

Las revelaciones y los momentos judíos están empezando a calzar juntos como las piezas de un rompecabezas. Naamán podría haber ignorado la sugerencia bizarra de la sirvienta pero, en lugar de ello, actúa: acude a su amigo, el rey, para transmitirle lo que la chica judía le había dicho. Sorprendentemente, el rey de Aram, un enemigo de larga data de Israel, escribe una carta amistosa al rey de Israel pidiéndole curar a Naamán. El *guer* está en camino. Parte para ver a Elisha, el discípulo de Eliyá, el gran hacedor de milagros.

Por supuesto, no todo *guer* tiene que buscar un profeta para ser puesto en el camino del benevolente Dios (después de todo, de acuerdo al Talmud, la profecía ha estado escondida de

---

[12] Talmud de Babilonia, Baba Batra 3a.
[13] 1 Reyes 19:18

Israel por casi 2500 años). El *guer* de hoy en día encontrará a un judío observante o empezará a buscar en sitios de internet judíos y obtendrá perspectivas de la Torá sobre las festividades judías, como Pascua o Jánuca, o el Shabat. En este mundo de comunicaciones mundiales instantáneas y teléfonos móviles, el momento judío está justo frente a los ojos de uno. Naamán el *guer* se ha vuelto ahora un recipiente para empezar a recibir la Luz de Dios.

Así que el General Naamán toma diez talentos de plata, seis mil monedas de oro y diez túnicas de seda como regalos para el profeta. ¿Por qué diez talentos y diez túnicas? ¿Por qué seis mil monedas? Los números tienen un significado profundo para el *guer*. Diez mandamientos. Seis mil años de creación. Cada número puede ser visto como un código, un mensaje de Dios. Y, en efecto, el código es verdadero y el mensaje es verdadero.

Naamán viaja con un gran séquito hacia Elisha y es tratado pobremente. Elisha ni siquiera sale a saludarlo, sino que envía a un siervo quien le dice a Naamán que vaya y se sumerja en el Jordán siete veces. ¡Siete! Otro número. Pero siete no es sólo otro número. Siete es un número muy especial. Siete días de la semana. Siete colores del arco iris. Siete pastores.[14] Y, lo más significativo, las Siete Leyes de Noaj. Siete es un número encantado. *"Todos los siete son queridos"* es un clásico dicho jasídico.

Elisha ha humillado al gran General arameo, desinflando su ego inflado. Dios dice, *"Hay espacio dentro de este hombre sólo para uno de los dos, ya sea para él o para Mí"*. La humillación en manos del profeta es una parte del Esquema. El *guer* genérico podría llamar a un rabino quien no tiene tiempo para él o podría aparecer de hecho en una sinagoga para rezar con el pueblo judío y ser ignorado o rechazado por la congregación. O aún peor, ellos podrían sospechar que él es un misionero y pedirle que salga. Dios ama probar al *guer*. Cada prueba está acercándolo con cuerdas de amor, como dice (Salmo 23:4), *"Tu vara y Tu cayado me confortan"*.

Y esta es la verdadera razón por la que Elisha ni siquiera le habla directamente. El profeta desea que la sanación sea entre Naamán y Dios Mismo. Si Elisha llegara a poner sus manos sobre Naamán y lo curara directamente, podría haber lugar para la confusión. Naamán podría creer que el profeta mismo ejecutó el milagro. El verdadero profeta de Dios trabaja únicamente para la gloria de Él. El verdadero profeta huye de la fama y el honor. Elisha desea que este gentil se acerque a su Padre en los cielos no a él mismo. Elisha desea que Naamán rechace la idolatría.

Cuán sorprendente es que el pueblo judío nunca haya hecho un dios de Eliyá el Profeta, el maestro de Elisha, el único hombre en las Escrituras que ha ascendido a los cielos en carne sin morir primero. O Moisés. Piense sobre ello. ¡Nadie ha venerado a Moisés! ¿Cómo es eso posible? El hombre que dividió el Mar Rojo y no comió ni bebió por cuarenta días sobre el Monte Sinaí, y aún así su pueblo jamás lo adoró o hizo de él un avatar. El verdadero profeta de Israel no toma la gloria de Dios para sí mismo. Y así, Elisha se comunica con Naamán a través de un mensajero hasta que la curación milagrosa se ha completado; de esta manera Naamán conocerá que es Dios Quien lo curó, y no Elisha.

Pero el clásico *guer* está enojado por la manera en que Elisha lo ministró. Él ha arriesgado viajar a territorio enemigo y fue humillado por sus dificultades. Nadie jamás había tratado a este poderoso general y confidente del rey de tal forma. Todas las preconcepciones de Naamán sobre lo que podría o debería suceder están hechas trizas. Él ha entrado en la siguiente fase del Esquema de todo *guer*. El ve al judío y a la judería bajo una luz negativa. Después de todo, aún Dios Mismo los llamó un pueblo de dura cerviz.[15] ¿Y qué hay acerca del Jordán, ese milagroso río judío? Un goteo de tercer orden para los estándares mundiales. Cuando el autor americano Mark Twain visitó Tierra Santa en 1867 y vió el río Jordán, sobre el que había leído en la Biblia la vida entera, prácticamente se desmayó. En sus propias palabras, *"Cuando era un niño de alguna manera me hice la idea de que el río Jordán tenía cuatro mil millas de largo, y tan ancho*

---

[14]Miqueas 5:5
[15]Éxodo 32:9

que un hombre no sabía en qué lado del mismo se hallaba la mitad del tiempo".[16]
Mark Twain creció a orillas del río Mississipi que en un punto llega a tener 2 millas (3.2 km)
de ancho. Y en Israel, él vió una patética corriente de agua que lentamente cambia de dirección
y prácticamente está seco en algunos lugares. ¿Llamas a esto un río? Naamán no deséa nada que
ver con ello. Está a punto de abortar la misión. Pero Dios no lo dejaría ir. Nadie puede salvar a
una persona de la mano de Dios, ni siquiera la misma persona, ni siquiera un profeta judío.Todo
esto es sobre el trabajo de Dios con el *guer.*

Naamán ha llegado a la fase de su vida donde toda ocurrencia, positiva o negativa, inspiradora
o insignificante, es una revelación de Dios. Al mismo momento que desea abandonar, los
sirvientes de Naamán lo abordan y dicen, *"Tu actitud es errónea. ¿Qué tienes que perder? Si el
profeta te hubiera dicho que escalaras la más alta de las montañas o que ayunaras por cuatro
días para ser sanado de la lepra, ¿no lo hubieras hecho? Y, de hecho, todo lo que te dijo fue que
te sumergieras en el río Jordán siete veces. Demasiado simple".*

Que los siervos de un general arameo le hablen así es inconcebible. ¡Jutzpá! ¿Pueden
hablarle como si fuera un tonto o un chico? Él podría haberlos matado por tal insubordinación.
Pero no, Naamán se ha vuelto un recipiente para la luz y él escucha la verdad. Tal vez hay alguna
razón para que el río Jordán sea tan pequeño. ¿No se le apareció Dios a Moisés en un pequeño
arbusto? ¿No era el Monte Sinaí una humilde y pequeña montaña? Tal vez la pequeñez es lo que
le sirve a Dios del Jordán.

Así que Naamán obedece las palabras del profeta. Se sumerge a sí mismo en el Jordán
precisamente siete veces y fue sanado. Su lepra incurable se fue. Su carne se ha vuelto pura y
saludable, como la de un pequeño niño. Dios ha obrado un milagro para él. Dios ha elegido a
Naamán y ahora Él abiertamente le ha revelado a Naamán que Lo ha elegido.

En algún punto del Esquema, todo *guer* ve que Dios lo ha elegido, como dice (Jeremías
3:14,15), *"Y Yo te tomaré, uno de una ciudad y dos de una familia y los traeré a Zión. Y te daré
pastores de acuerdo a Mi corazón y ellos te alimentarán con conocimiento y entendimiento".*

Finalmente, tenemos un milagro que no puede ser negado o confundido con coincidencia. Es
un evento que cambia una vida.

Naamán y sus sirvientes regresan a la casa de Elisha, quien esta vez sale a saludarlo. Y
Naamán dice, *"He aquí sé que no hay Dios en el mundo excepto con Israel".* Ha renunciado a
la idolatría. De acuerdo a una opinión del Talmud,[17] esto solo calificaba a Naamán para ser un
guer toshav con derecho a residir en la tierra de Israel y ser respaldado por la comunidad judía.
El rechazo a la idolatría es el momento decisivo en la vida de todo *guer noájida.*

Ahora, ¿cómo intenta Naamán mostrar su aprecio? Dando *tzedaká.*[18] Naamán tiene un
corazón generoso, el mejor de los rasgos humanos.[19] Y la *mitzvá* de dar *tzedaká* realmente ha
sido injertado en el cuerpo de las Siete Leyes Noájidas.[20] Así que el *guer* clásico ofrece a Elisha
un regalo generoso, pero éste rápidamente lo rechaza. Naamán le ruega que lo tome, pero Elisha
es firme y jura por el nombre de Dios que no aceptará nada que disminuya la pureza de lo que ha
sucedido.

Elisha no desea recompensa material por su rectitud. Traer a un idólatra a la fe verdadera
en Dios es, en sí misma, la más grande de las recompensas imaginables. El Rebé Najman de

---

[16]Mark Twain, Inocentes en el Extranjero, Capítulo 55.

[17]Talmud de Babilonia, Avidá Zara, 64b, la opinión de Rabí Meir, Pero esta no es la ley. Para calificar como un
guer toshav, uno acepta todas las Siete Leyes Noájidas.

[18]La palabra hebrea para caridad es *tzedaká* que de hecho significa rectitud y hay sabios que se disgustan traduciendo
esta palabra como caridad. Caridad implica un acto realizado gratuitamente a partir de la bondad del corazón de uno,
mientras que *tzedaká* implica que es apropiado que una persona comparta con otros la riqueza derramada sobre ella
por Dios.

[19]Capítulos de los Padres 2:13.

[20]*El Camino del Gentil Justo,* Capítulo Trece.

Breslev enseñaba que traer un gentil de la idolatría a la fé en el Dios de Israel es el más grande de todos los logros espirituales.[21] Elisha no necesita nada de Naamán excepto el conocimiento de que él ha depositado su preciosa alma en su Hacedor, el Señor del universo.

Naamán cambia de tema y pide algo a Elisha. Pide permiso para llevar una carga de tierra con el propósito de construir un altar para sacrificios de vuelta en Damasco. Este es otro momento decisivo. Al mostrar su respeto por el suelo de la tierra de Israel, demuestra su amor por la tierra y su respeto para Dios y el sacerdocio judío. El Baal HaTurim[22] escribe, "*Fineas y Hofni, los dos hijos de Elí, el Sumo Sacerdote, desecraron el sacerdocio por sus acciones, mientras que Naamán mostró su respeto por el sacerdocio al construir su altar de sacrificios con material de la tierra de Israel. Al final, Fineas y Hofni murieron por sus maldades y Naamán fue puesto bajo las alas de la Shejiná y sus nietos llegaron a ser grandes eruditos de la Torá*".

Al pedir permiso para tomar del suelo, Naamán demostró que se había vuelto estrictamente observante de la prohibición noájida en contra del robo. No había rechazado únicamente la idolatría sino que había tomado para sí la doctrina completa de las Siete Leyes Noájidas.

Y ahora, Naamán le presenta a Elisha un problema que él tendrá que afrontar. Es un problema con el que todo *guer noájida* debe lidiar de una forma u otra. Tarde o temprano, el noájida regresará a casa para vivir entre idólatras. Estos constituyen su pueblo. Él los ama y debe mantenerse en paz con ellos. Así que Naamán pide a Elisha que Dios le perdone por regresar a su forma de vida previa, porque tendrá que vivirla con un acto de simulación. El asunto se centra en el rey de Aram, bajo cuyo dominio Naamán debe vivir. Como el ayudante de confianza del rey, uno de los deberes de Naamán es acompañar al rey cuando este visita el templo del dios arameo. El último lugar de la tierra donde Naamán desea estar es un templo de *avodá zara* (idolatría). Pero el rey lo requiere de él y cuando el rey se inclina delante de su ídolo, se espera que Naamán se incline con él. Pero en su corazón, Naamán estará inclinándose únicamente ante el Dios de Israel.

Elisha lo bendice con, "*Lej l'shalom - ve hacia la paz*", lo que quiere decir que Dios estará con Naamán ahora y para siempre, aún en tiempos de peligro y en lugares de oscuridad.

La inmundicia espiritual con la que creció Naamán ya no es más parte de él. El prepucio de su corazón ha sido circuncidado. Y así Naamán parte de lo de Elisha, preparado para ser un solitario hombre de fe, un rayo de luz en medio de la oscuridad.

Ahora el Esquema del *guer* da un giro inesperado. Gehazi, el discípulo y asistente de Elisha, entra en la escena. Gehazi no es un hombre de Dios como Elisha, su maestro. De hecho, Gehazi es un predador. El sabe que Naamán es tan inocente como un niño, quien desea únicamente hacer lo correcto. Gehazi ve esto como una oportunidad de beneficiarse pues Naamán es rico y ha traído una fortuna en oro y plata con él.

Gehazi persigue a Naamán y lo tima sacándole una prodigiosa suma de dinero, engañando a Naamán con una mentira totalmente fabricada. Y dice la mentira en nombre de Elisha, diciendo, "*Mi maestro me envió, diciendo, 'Justo en este momento, dos jóvenes discípulos de los profetas han venido a mi del Monte Efraín. Por favor concédeles un talento de plata*[23] *y dos túnicas de seda'*".

Todavía lleno de gozo y sentimientos de generosidad, Naamán le dice a Gehazi, "*Por favor, toma dos talentos*". La ofrenda voluntaria de Naamán es profundamente simbólica. Es como si él hubiera hablado proféticamente sin darse cuenta. Los eruditos de la Torá, y mucho más los discípulos de los profetas, son comparados con las vigas de madera bañadas en oro que formaban

---

[21]Likutei Moharan, Torá # 14.

[22]Comentario sobre Éxodo 28:7. El *Baal HaTurim* es Rabí Jacob ben Asher (1268-1343), autor de un comentario esotérico sobre el Jumash y del *Arbaá Turim*, el prestigioso trabajo de *halajá* que formó la base del *Shulján Aruj* (Código de Ley Judía).

[23]Un talento es 42.5 kg de plata, que equivale aproximadamente a $ 30000.00 en dólares de 2014.

las paredes del Tabernáculo que Moisés construyó en el Monte Sinaí. Bajo cada viga de madera del Tabernáculo habían dos encajes de plata enormes, cada uno pesando un talento. Los encajes de plata fueron forjados a partir de donaciones de medio shekel dados por los Hijos de Israel como una redención por sus almas, como dice, "*Y el Señor habló a Moisés, diciendo, 'Cuando tu tomes la suma de los hijos de Israel de acuerdo a su número, cada hombre dará un rescate por su alma al Señor cuando tu los cuentes, de manera que no haya plaga entre ellos'*" (Éxodo 30:11,12).

Naamán ha ofrecido simbólicamente un rescate de dos talentos de plata por su alma. Desde su punto de vista, todo está bien. Aún cuando él fue estafado, Naamán ha cumplido con la *mitzvá* de dar *tzedaká*.

Pero la cosa no está para nada bien con Gehazi. Naamán sospecha que Gehazi está mintiendo, pero da de todas formas.[24] Gehazi ha desecrado el Nombre de Dios al implicar al profeta Elisha en su engaño.

Y así, Naamán regresa a casa, su cuerpo purificado y su alma redimida por el Dios de Israel, como dice, "*Entonces dice el Señor, 'Tú eres mi testigo y Mi siervo a quien escogí, para que tu sepas y Me creas y entiendas que Yo soy Él; antes de Mi ningún dios fue formado y después de Mi nada será. Yo, Yo soy el Señor, y junto a Mi no hay salvador'*" (Isaías 43:10,11).

En cuanto a Gehazi, su pecado fue muy grande. Elisha vió proféticamente exactamente lo que Gehazi hizo, y le dice, "*Ahora, tu recompensa será que la lepra de Naamán te afligirá a tí y a tus hijos por siempre*". Y Gehazi se escabulle, afectado con la lepra.

La Mishná[25] nos cuenta que Gehazi fue uno de los cuatro individuos que fueron castigados con la pérdida de su lugar en el Mundo Eterno. Los cuatro son Baalam, Doeg, Ajitofel y Gehazi. Baalam maliciosamente provocó una plaga que tomó la vida de 24000 israelitas. Doeg asesinó a 500 *Kohanim* (sacerdotes judíos) debido a que alimentaron a un hambriento rey David. Ajitofel aconsejó a Absalom que violara a la vista pública a las concubinas de David para mostrar que él era ahora el rey. Y Gehazi estafó a Naamán en dinero y vestimentas.

Gehazi parecería que no pertenece a ese grupo de malvados. Gehazi era codicioso y necio. Los otros eran monstruos.

Pero la verdad es que Gehazi sí pertenece a ese grupo. Gehazi le dió una excusa a Naamán para creer que los judíos eran codiciosos, predadores hambrientos de dinero. La codicia y necedad de Gehazi trajo verguenza a Elisha y a todo el pueblo judío. No hay mayor desecración del Nombre de Dios que esto.

Gehazi sirve como una advertencia para futuras generaciones: sea cuidadoso con el *guer*. Dios ama al *guer* y, por tanto, tu también deberías, como dice, "*Amen al* guer *pues fueron* guerim *en la tierra de Egipto*" (Deuteronomio 10:19). Este *guer* es Naamán, un extranjero que moró entre israelitas como los israelitas moraron entre egipcios. Y cuando regresó a casa, se convirtió en un gentil justo, un *guer*, entre arameos idólatras.

---

[24]Midrash Samuel 15.
[25]Sanedrín 11:1

La Parábola del Bastón
La Misión de Moisés
La experiencia de Sinaí
Yetro viene al Monte Sinaí
La lucha de Yetro

4. Yetro. El legado de un guer

Éxodo 1:8-10:

Y se levantó un rey nuevo sobre Egipto, que no conocía a Iosef.
Y le dijo a su pueblo: *"He aquí que el pueblo, los Hijos de Israel,*
son más numerosos y fuertes que nosotros.
Vamos, seamos más astutos que él, no sea que se vuelvan demasiados
y, en caso de ocurrir una guerra, se una él también a nuestros enemigos
y libre guerra contra nosotros y suba de la tierra".

Faraón y los egipcios esclavizaron a los israelitas y los afligieron con dura labor. Pero el pueblo se volvió más fuerte y más numeroso. Entonces los astrólogos del Faraón le dijeron que nacería un niño hebreo destinado a liberar a los israelitas y a destruir a Egipto. Así que Faraón construyó un plan para matar a todos los varones recién nacidos. Pero antes de que implementara su plan malvado, consultó con sus tres consejeros principales para saber lo que pensaban al respecto.

Estos tres consejeros eran Balaam, Job y Yetro. El malvado Balaam entusiásticamente respaldo la idea y sugirió al Faraón que se ahogara a todo bebé varón tan pronto como naciera. Job permaneció en silencio, rehusando aconsejar al Faraón de una u otra forma. Sólo Yetro objetó el plan e insistió al Faraón que lo abandonara. Continuó con la protesta hasta que Faraón decidió ponerlo bajo arresto y ejecutarlo. Yetro descubrió el complot en su contra y escapó hacia Midián.[1]

Con Yetro fuera del camino, Faraón ordenó a sus soldados arrojar al Nilo a los bebes hebreos recién nacidos y permitir a las bebitas que vivan.[2]

Cuando el bebé Moisés nació, sus padres lo escondieron por tres meses. Pero puesto que su llanto sería escuchado, lo pusieron en una canasta y dejaron a flote en el Nilo. La hija del Faraón lo rescató y lo crió como un príncipe de Egipto.

Cuando Moisés se enteró que era hebreo salió a ver a su pueblo esclavizado. Vió a un capataz golpear a uno de sus hermanos hebreos. Moisés golpeó al egipcio y enterró el cuerpo en la arena.[3]

---

[1] Éxodo Rabbá 1:9.
[2] Éxodo 1:22.
[3] Éxodo 2:11-12.

Faraón se enteró del asunto y buscó dar muerte a Moisés, pero éste huyó a Midián y se sentó al lado de un pozo.

Para entonces ya había pasado una generación desde que Yetro huyó de Faraón y se asentó en Midián. Como ex-consejero de Faraón, fue designado como sumo sacerdote del ídolo midianita, *Baal-Peor*. El término talmúdico para este tipo de idólatra es *acum*, el acrónimo hebreo para "alguien que sirve a estrellas y constelaciones".

Pero mientras Yetro envejecía, sus meditaciones y bondad natural lo guiaron a cuestionar su creencia en ídolos. Con este cambio de conciencia, dejó de ser un *acum* y se volvión un *nojri* o un *ben nejar*, un extraño.[4] Un *nojri* es una persona que todavía está conectada a su formación idólatra, pero tiene serias dudas y mantiene un pié fuera de la puerta.

La pérdida de la fé en el ídolo de Midián hizo que Yetro renunciara a su sacerdocio. Esto resultó en que los midianitas lo consideraran hereje, pues es lo común en el mundo poner en ostracismo a una persona que rechaza su educación idolátrica. Se había vuelto un apóstata y amenazaba el sistema de creencias de su familia y de la comunidad. Si no pueden convencerle de retornar a su fé, a menudo se vuelve un paria.[5]

Yetro fue forzado a vivir al borde del desierto, lejos de la sociedad, sin medios para subsistir excepto por la cría de ovejas y cabritos. Fue en esta fase de su vida en que Yetro adoró a todo dios que le era conocido, en medio de su búsqueda de la verdad. Precisamente fue el tiempo en que la Divina Providencia se le reveló a él.

Yetro tenía siete hijas y ningún hijo. Sus hijas pastoreaban los animales de Yetro justo de la manera en que la hija de Labán, Raquel, lo había hecho 300 años antes. Esto muestra que Yetro habia perdido su riqueza e influencia. Si hubiera sido capaz de tener sirvientes, estos, antes que sus hijas, se hubieran encargado del pastoreo.

Rechazadas y despreciadas como eran, las hijas de Yetro fueron impedidas de acceder a una fuente de agua por los pastores locales. Este era el mismo pozo donde Moisés estaba sentado. Moisés acudió en rescate de las hijas apartando a los pastores y proveyendo agua al rebaño de Yetro.

Las hijas retornaron a casa de Reuel (uno de los siete nombres de Yetro). Él les preguntó por qué habían regresado temprano ese día. Le dijeron que un egipcio las salvó de los pastores y dió agua a las ovejas.

Yetro se molestó por su falta de bondad al abandonar a aquel que les había ayudado. Les dijo que trajeran al hombre para que compartiera pan con ellos.

Moisés fue tratado con tal hospitalidad cálida que aceptó vivir con Yetro. Yetro le dió su hija Ziporá a Moisés por esposa.[6]

Ziporá dió a luz a un hijo y Moisés lo llamó Gershom, diciendo "*Fui un extraño* (guer) *en una tierra extraña* (nojria)". Después Moisés tuvo un segundo hijo, quien fue llamado Eliezer, que significa Dios es mi ayudador.

Uno puede sólo sorprenderse sobre las discusiones místicas y éticas que estas dos grandes almas, Moisés y Yetro, mantuvieron durante los años en que Moisés vivió con su suegro.[7] Aquí estaban el más grande de todos los profetas judíos y el antiguo Sumo Sacerdote de Midián intercambiando sus visiones de Dios y de la vida.

---

[4]Un *nojri* podría haber empezado a buscar la verdad, pero no ha aceptado las Siete Leyes de Noaj.

[5]Esta podría no ser una regla firme en el mundo de hoy en día donde el ateismo está tan extendido y es considerando aún peor que la idolatría. En tiempos de peligro, es preferible buscar refugio en la casa de un idólatra que en la de un ateo.

[6]Éxodo 2:17-21.

[7]Hay una tradición de que Moisés estuvo en Cush (Etiopía) por cuarenta años y se constituyó en rey allí. Entonces fue arrojado a una mazmorra por otros diez años. Esto aún dejaría doce años en que Moisés vivió con Yetro, pues se enseña que Moisés huyó de Faraón cuando él tenía dieciocho años de edad y regresó para liberar a los esclavos judíos cuando tenía ochenta.

4.1 La Parábola del Bastón

Yetro poseía el bastón místico que le había sido entregado a Adán en el Jardín de Edén. El bastón tenía el Nombre de Dios grabado en él y quien lo poseía heredaba la verdadera sabiduría de Dios.[8] Se decía que el bastón había sido hecho de safiro o de piedra celestial parecida al safiro. Adán le dió el bastón a Enoc.[9] Enoc se lo dió a Shem, el hijo de Noaj. Shem se lo dió a Abraham. Abraham lo entregó a Isaac e Isaac se lo dió a Jacob. De Jacob pasó a Iosef. Cuando Iosef murió, Faraón confiscó todas sus pertenencias incluyendo el bastón místico. Yetro sabía que quienquiera que tuviera el bastón recibiría la verdadera sabiduría de Dios. Yetro deseaba el bastón. También sabía que Faraón lo había robado de los hijos de Iosef, Efraín y Manasés, tomándolo de su heredad, que incluía el bastón, así que realmente no le pertenecía al rey egipcio. Cuando Yetro huyó de Egipto por el asunto de los bebés hebreos, él tomó el bastón y se lo llevó consigo. Después que llegó a Midián y estableció su vivienda, Yetro usó su poder de *kishuf*[10] para incrustar el bastón en la tierra de manera que nadie pudiera removerla excepto su propio dueño. Él entonces dejó saber que quienquiera que pudiera extraerla de la tierra tendría derecho a casarse con Ziporá.

Ziporá era extraordinariamente bella y todos los jóvenes de Midián intentaron extraer el bastón de la tierra para ganar el derecho de tenerla por prometida, pero nadie pudo conseguirlo. Un día, Moisés vino al patio de Yetro y vió el bastón. Vió que había texto hebreo en él. Para poder apreciar mejor las palabras, jaló el bastón y se lo llevó a Yetro para averiguar lo que significaba el texto. Yetro inmediatamente se dió cuenta que Moisés era el elegido para recibir la sabiduría de Dios y para casarse con Ziporá.

4.2 La Misión de Moisés

Moisés empezó a pastorear el rebaño de Yetro. Un día guió al rebaño al filo del desierto y vino al Monte Sinaí, donde vió un arbusto que estaba ardiendo pero que no era consumido por el fuego. Dios le habló a Moisés desde el fuego y le encomendó la misión de sacar a los hijos de Israel de Egipto y llevarlos a esta montaña donde serían escogidos por Dios como Su nación santa.

Moisés retornó a Yetro, su suegro, y dijo, *"Tengo que ir a mis hermanos en Egipto para ver si todavía viven"*. Yetro le dijo que dejara a Ziporá y a sus dos hijos atrás porque la situación en Egipto era peligrosa. Pero Moisés persistió y Yetro lo bendijo para que arribara a su destino con *shalom*.

Dios le habló entonces al hermano de Moisés, Aarón, y le dijo que saliera a recibir a Moisés. Los hermanos se encontraron y abrazaron después de una separación de más de sesenta años.

Aarón vió a la esposa e hijos de Moisés y dijo, *"Estamos de luto por nuestros seres queridos en Egipto y tú, ¿deseas añadir a este número?"* Esta vez Moisés tomó el consejo y envió a Ziporá, Gershom y Eliezer de regreso a Yetro en Midián.

Moisés y Aarón viajaron entonces a Egipto para pedirle a Faraón que libere a los esclavos hebreos. Un año después, después de que Dios hubiera golpeado Egipto con diez plagas y aniquilado su capacidad militar en el Mar Rojo, Moisés guió a los israelitas hacia el Monte Sinaí donde todo empezó.

4.3 La experiencia de Sinaí

Cuarenta y seis días después de dejar Egipto, Moisés y los hijos de Israel y la heterogénea multitud de personas que buscaron refugio con ellos llegaron al pié del Monte Sinaí. Los cuerpos

---

[8]Esta fue la *Kabalá* original, que significa "recibiendo" en hebreo.

[9]Otra versión dice que Adán le dió el bastón a su hijo, Set, y Set se lo dió a Enoc.

[10]*Kishuf* es la palabra hebrea para magia o hechicería. como uno de los consejeros del Faraón, Yetro junto con Balaam eran maestros de la sabiduría oculta, que incluía todas las formas de brujería.

de las personas habían sido purificados al comer maná[11] y beber agua de la Fuente de Miriam. Los cojos podían caminar erguidos y los ciegos podían ver, una vez que todo defecto físico fue sanado. El *zuhama*, el flujo de impureza espiritual que entró en el hombre cuando comió del Árbol del Conocimiento, cesó. Y el pueblo fue elevado por encima de las garras de la muerte.[12]

Los varones israelitas habían sido circuncidados antes de salir de Egipto. En Sinaí, todos los hombres y mujeres se sumergieron en las aguas prurificadoras de la Fuente de Miriam. Moisés le dijo al pueblo que si escuchaba la voz de Dios y guardaba Su pacto se constituirían en un reino de sacerdotes y en una nación santa para Dios. Y toda la gente respondió, *"Todo lo que el Señor ha hablado nosotros haremos"*.

Moisés y todos los varones israelitas jóvenes ofrecieron sacrificios en nombre del pueblo. La mitad de la sangre fue arrojada al altar y la otra mitad fue rociada sobre la gente, y Moisés dijo, *"Contemplen la sangre del pacto"*.[13]

La montaña fue envuelta en humo mientras Dios descendía sobre ella en fuego y la montaña temblaba con temor. El llamado del shofar sonaba y se volvió más y más alto mientras Moisés ascendía y Dios bajaba la montaña, fusionando como uno al cielo y a la tierra.

Y entonces, Dios pronunció todas las palabras de los Diez Mandamientos. Mientras Dios hablaba, Sus palabras emanaban desde todas las direcciones, arriba y abajo, oriente y occidente, norte y sur. La gente también vió salir las palabras de sus propias bocas. Dios les reveló que Él es la única verdadera existencia.[14] Esta nulificación ante Dios santificó al pueblo y lo hizo distinto de todos los otros pueblos sobre la tierra.

La experiencia de Sinaí fue un proceso de transformación que constituyó el modelo para todas las conversiones futuras. El proceso consideró circuncición y una inmersión ritual para los hombres, inmersión ritual para las mujeres, la ofrenda de un sacrificio en el Santo Templo, y un compromiso de observar los mandamientos de la Torá.

Hay dos preguntas importantes en lo relativo a Yetro:

1. ¿Se convirtió Yetro y se volvió judío o permaneció como un noájida a lo largo de su vida?
2. Si Yetro permaneció como noájida, ¿por qué eligió esto?

4.4   Yetro viene al Monte Sinaí

Es muy importante determinar exactamente cuando Yetro vino al Monte Sinaí. Si él llegó antes de la Revelación de Sinaí, es lógico presumir que se volvió un israelita con el resto de la gente que escuchó la voz de Dios pronunciar los Diez Mandamientos. Pero si llegó más tarde, tendría que personalmente haber sobrellevado el proceso de conversión: circuncición, inmersión ritual, presentación de un sacrificio y la aceptación de los mandamientos de la Torá. Pero en ningún versículo de la Torá o en palabras del Talmud encontramos que Yetro haya concretado alguno de estos requerimientos, excepto por la presentación de sacrificios, en cuyo caso no se indica que haya sido con el propósito de hacer la conversión.[15]

Puesto que los Diez Mandamientos se encuentran en la porción de la Torá llamada *Yetro*, parecería que Yetro vino al Monte Sinaí al mismo tiempo que los Hijos de Israel, y que escuchó los Diez Mandamientos y se convirtió en israelita.[16] Pero los sabios del Talmud no concuerdan

---

[11]El maná empezó a caer la mañana del día 16 del mes hebreo de Iyar, dos semanas antes de que el pueblo llegara al Monte Sinaí.

[12]Talmud de Babilonia, Shabat 146a.

[13]Éxodo 24:5-8.

[14]Resishit Jajmá, Sha'ar HaYirá.

[15]Éxodo 18:12

[16]Debe tenerse en mente que previo a la Revelación de Sinaí, todos los israelitas, incluso Moisés, tenían el estatus de noájidas conforme a la Ley Judía.

sobre cuando arribó Yetro al Monte Sinaí.[17] Y hay fuerte evidencia para mostrar que Yetro llegó después de la Revelación de Sinaí y que no se convirtió para volverse israelita, sino que permaneció como un *guer noájida* a lo largo de su vida.

Para determinar cuando es que Yetro llegó al Monte Sinaí, necesitamos examinar los versículos pertinentes en el Libro de Éxodo para ver si su arribo pudiera encuadrarse en los eventos de los primeros seis días en el Monte Sinaí que llevaron a la revelación de Dios.

Primer día: arribando al pié del Monte Sinaí

"En el tercer mes del éxodo de los israelitas desde Egipto,
en ese mismo día llegaron al desierto de Sinaí", (Éxodo 19:1).

Este fue el primer día del mes hebreo de Sivan, cuarenta y seis días después de que Moisés sacara al pueblo de Egipto. Ese mismo día aproximadamente 2'400.000 hombres, mujeres y niños, arribaron al pié del Monte Sinaí y establecieron su campamento,[18] un evento de un día.

Segundo día: Moisés asciende la montaña

Del Libro del Éxodo 19:3 - 19:8

19:3: Moisés subió a Dios. Dios lo llamó desde la montaña, diciendo, *"Esto es lo que dirás a la casa de Jacob y a la casa de Israel"*.

19:4: *"Han visto lo que hice a Egipto y como los cargué en alas de águila y los traje a Mí"*.

19:5: *"Ahora si ustedes Me obedecen y guardan Mi pacto, serán mi propio tesoro entre los pueblos, porque todo el mundo es Mío"*.

19:6: *"Serán ante Mí un reino de sacerdotes y una nación santa. Estas son las palabras que deberás decir a los Hijos de Israel"*.

19:7: Moisés descendió y convocó a los ancianos del pueblo. Les presentó estas palabras como Dios lo había ordenado.

19:8: Todo el pueblo respondió como uno y dijo, *"Todo lo que Dios ha hablado, nosotros haremos"*. Y Moisés trajo a Dios las palabras del pueblo.

Tercer día: Moisés asciende la montaña nuevamente

Al tercer día, Moisés ascendió la montaña una vez más[19] y Dios le habló nuevamente.

19:19: Y el Señor le dijo a Moisés, *"He aquí, Yo vendré a tí en una nube espesa de manera que el pueblo escuche cuando Yo te hable y ellos también creerán en tí para siempre"*. Y Moisés transmitió a Dios las palabras del pueblo.

De acuerdo con *Rashí*, las "palabras del pueblo" correspondían al deseo explícito del pueblo de escuchar la comunicación directa de Dios y no a través de Moisés.

Cuarto día: las personas comienzan a santificarse ellas mismas

En el día cuarto, Dios habló nuevamente a Moisés.

Éxodo 19:10 - 19:15:

---

[17]Talmud de Babilonia, Zevajim 116a. Rabí Yehoshua dice que vino antes de la Entrega de la Torá en tanto que Rabí Eleazar de Modi'm sostiene que llegó luego de que la Torá fuera entregada.

[18]La cifra de 2'400.000 está basada en el conteo explícito de 603.550 hombres de 20 años en adelante, considerado como (Números 1:46) una cuarta parte de la población total que incluye a ancianos y niños. Esta es una población como la de una ciudad del tamaño de Chicago o Toronto o Roma.

[19]Mekhilta, Yalkut Shimoni.

19:10: Dios le dijo a Moisés, *"Ve y habla al pueblo y santifícalos hoy y mañana. Que laven sus vestimentas"*.

19:11: *"Que se preparen para el tercer día.*[20] *Porque al tercer día, Dios descenderá sobre el Monte Sinaí a la vista de todo el pueblo"*.

19:14: Moisés descendió de la montaña al pueblo. Él santificó al pueblo y ellos lavaron sus vestimentas.

19:15: Moisés le dijo al pueblo, *"Prepárense para los siguientes tres días. No toquen mujer."*.

El día cuarto, Moisés enseñó al pueblo algunos de los mandamientos de la Torá. Explicó las Siete Leyes de Noaj y ordenó a los israelitas que enseñaran estas leyes a las otras naciones. También pasó revista a otras leyes que él les había enseñado en Mará, que incluían las leyes del Shabat, leyes civiles (monetarias), y sobre honrar a los padres.[21]

Quinto día: Moisés escribe y el pueblo ofrece sacrificios
Éxodo 24:4 - 24:8:

24:4: Y Moisés escribió todas las palabras del Señor y se levantó temprano por la mañana y construyó un altar al pié de la montaña y doce pilares conforme a las doce tribus de Israel.

24:5: Y envió a varones jóvenes de los Hijos de Israel quienes trajeron ofrendas ígneas y sacrificaron bueyes como ofrendas de paz al Señor.

24:6: Y Moisés tomó la mitad de la sangre y la puso en recipientes y lanzó la otra mitad hacia el altar.

24:7: Y tomó el Libro del Pacto y lo leyó ante la multitud y dijeron, *"Todo lo que el Señor ha dicho, nosotros haremos y obedeceremos"*.

24:8: Y Moisés tomó la sangre y la roció sobre el pueblo y dijo, *"He aquí, la sangre del pacto que el Señor ha hecho con ustedes de conformidad con todas estas palabras"*.

Sexto día: los Diez Mandamientos

19:16-17: Fue el tercer día [después de santificarse a sí mismos] en la mañana. Hubo truenos y relámpagos. Una nube densa estaba sobre la montaña y había un sonido de shofar extremadamente fuerte que crecía y crecía. Y toda la gente que estab en el campamento temblaba.

20:1-2: Y Dios habló todas estas palabras, diciendo, *"Yo soy el Señor tu Dios quien te sacó de la tierra de Egipto de casa de esclavitud"*.

Y Dios continuó hablando todas las palabras de los Diez Mandamientos.

Los versículos anteriores en el Libro de Éxodo describen los eventos de los seis días desde el momento en que los Hijos de Israel arribaron al Monte Sinaí hasta que escucharon las palabras de los Diez Mandamientos.

Ahora, examinemos los versículos que describen la llegada de Yetro al Monte Sinaí para ver si él arribó antes o después de que fueran escuchados los Diez Mandamientos.

Éxodo 18:1-16

18:1: Ahora, Yetro, el sacerdote de Midián, suegro de Moisés, escuchó sobre todo lo que Dios había hecho por Moisés y por Israel Su pueblo, como el Señor sacó a Israel de Egipto.

---

[20] El "tercer día" mencionado en este versículo es el tercer día contado desde el momento en que Dios pronunció estas palabras. Puesto que eso fue dicho el día cuarto de la llegada al Sinaí, el tercer día mencionado es el sexto día desde la llegada al Monte Sinaí, que es el día en que Dios pronunció los Diez Mandamientos.

[21] Comentario de Rashí sobre Éxodo 24:3.

18:2: Y Yetro, el suegro de Moisés, tomó a Ziporá la esposa de Moisés, después de que él la había apartado.

18:5: Y Yetro, el suegro de Moisés, vino con sus hijos y su esposa a Moisés en el desierto donde había acampado en la montaña de Dios.

18:6: Y él le dijo a Moisés, *"Soy tu suegro, Yetro. Vengo a tí con tu esposa y sus dos hijos con ella"*.

18:7: Y Moisés salió a recibir a su suegro, y le rindió honores y lo besó, y se preguntaron uno al otro sobre su bienestar y vinieron a la tienda.

El Midrash enseña que, a su llegada al Monte Sinaí, Yetro recibió grandes honores.[22] La nación israelita entera guiada por Moisés y Aarón, los hijos de Aarón y los setenta ancianos salieron a saludarlo. Y la Shejiná fue revelada en honor de Yetro.

18:12: Y Yetro, el suegro de Moisés trajo una ofrenda ígnea y sacrificios a Dios. Y Aarón vino con todos los ancianos de Israel para comer pan con el suegro de Moisés delante de Dios

18:13: Y fue al día siguiente que Moisés se sentó para juzgar al pueblo, y el pueblo permaneció de pié en torno a Moisés desde la mañana hasta la noche.

18:14: Y cuando el suegro de Moisés vió todo lo que estaba haciendo por el pueblo, dijo, *"¿Qué es esto que estás haciendo por el pueblo? ¿Por qué te sientas solo con toda la gente de pié en tu entorno desde la mañana hasta la noche?"*.

18:15: Y Moisés replicó a su suegro, *"La gente viene a mi para consultar a Dios"*.

18:16: *"Cuando tienen un asunto, vienen a mí y yo juzgo entre un hombre y su vecino, y les enseño los estatutos de Dios y Sus leyes"*.

En este punto, Yetro advirtió a Moisés que colapsaría si él solo aborda esta tarea. Le sugirió que estableciera un completo y estructurado sistema de cortes. Moisés mismo debería ser el juez de mayor rango quien debería escuchar únicamente los casos que son demasiado difíciles para las cortes inferiores. Moisés tomó su consejo e hizo todo lo que Yetro le recomendó.

Un cuidadoso examen de los versículos mostrará que hubiera sido imposible para Yetro llegar a Sinaí en alguno de los cinco días que llevaron a la declaración por parte de Dios de los Diez Mandamientos. Estos cinco días estuvieron llenos desde el amanecer hasta el anochecer con otras actividades: estableciendo el campamento al pié del Monte Sinaí, Moisés ascendiendo y descendiendo la montaña para actuar como un intermediario entre Dios y el pueblo, santificando al pueblo, enseñando las leyes básicas, construyendo un altar y ofreciendo sacrificios sobre él.

Y, lo que es más importante, el día en que "Moisés se sentó para juzgar al pueblo, y el pueblo permaneció de pié e torno a Moisés **desde la mañana hasta la noche**", no podría haber sido uno de los cinco días. Y la Torá nos dice que este fue el día después de que Yetro llegó.

El hecho es que la fecha más temprana en que Yetro podría haber llegado al Sinaí corresponde a cuatro meses después de la Revelación de Sinaí, justo el día en que Moisés descendió con el segundo juego de tablas de la Ley.[23] Pues fue al día siguiente en que Moisés se sentó y juzgó al pueblo.[24]

La presunción de que Yetro se volvió judío en el Monte Sinaí está basado únicamente en conjeturas sin el respaldo de evidencia, en tanto que la Torá misma testifica a Yetro constituyéndose en el primer *guer noájida* post-Sinaí y el primer amigo y hermano de los Hijos de Israel, estableciendo el legado del Guer.

La gente que escoge creer que Yetro se volvió un "judío kosher" lo hace porque estiman sobremanera a este gran hombre de sabiduría y bondad y quieren que sea uno de ellos. Pero, en

---

[22]Mekhilta, Éxodo Rabá, Rashí.

[23]Esto es el 10mo día del mes hebreo de Tishrei, que al año siguiente se convirtió en Yom Kippur.

[24]Éxodo 18:13, Rashí sobre el versículo.

realidad, Yetro permaneció como un *guer noájida* a lo largo de su vida. Esto es reforzado por las palabras de Yetro cuando pidió dejar el Sinaí y regresar a casa. Le dijo a Moisés, *"Debo ir a mi propia tierra y a mi propia familia"*, (Números 10:30), indicando que Midián era todavía su tierra y que los kenitas eran todavía su pueblo

Si todo esto es verdad, ¿por qué la porción de la Torá que incluye a los Diez Mandamientos lleva el nombre de Yetro? La respuesta es que Yetro, el sacerdote de Midián, recordó hacer lo que Moisés y Aarón y el resto del pueblo judío habían olvidado. Yetro bendijo a Dios por lo que Él había hecho por los Hijos de Israel, Su pueblo, como dice, *"Y Yetro dijo, 'Bendecido sea el Señor quien les ha librado de la mano de los egipcios y de la mano del Faraón, quien ha sacado al pueblo de debajo de la mano de los egipcios' "*, (Éxodo 18:10).

Cuán embarazoso haber olvidado bendecir a Dios por liberarlos de la esclavitud de Egipto.[25] Yetro los redimió a todos mediante su bendición. Y por esto, su nombre es el de la porción de la Torá que incluye los Diez Mandamientos.

4.5   La lucha de Yetro

Yetro fue único en la historia, el primer *guer toshav* en surgir después de la entrega de la Torá, un segundo Abraham en que se constituyó en el padre de todos los *guerim* post-Sinaí. Y, como Abraham, su vida entera estuvo llena con sabiduría y bondad. Moisés elogió a Yetro al decir, *"Toda mi grandeza proviene de mi suegro, el líder de Midián"*.[26] Y el Midrash dice que Moisés tenía igual importancia que todo Israel.[27] Por inferencia, esto nos comunica que toda la grandeza de Israel depende de su relación con Yetro.

Vimos a Yetro recorrer el espectro de ascenso espiritual. Empezó con el rango de *acum* como consejero principal del Faraón y Sumo Sacerdote de Midián. De ahí se volvió un *nojri*, renunciando a la idolatría de Midián y buscando la verdad, como dice,[28] *"Tenía pleno conocimiento de todo ídolo en el mundo y no dejó sin venerar a ídolo alguno"*

A su llegada al Monte Sinaí, alcanzó la iluminación de un *guer noájida* cuando dijo *"Ahora conozco que el Señor es más grande que todos los dioses"*, (Éxodo 18:11)

Y, finalmente, permaneciendo bajo las alas de la Shejiná e inmerso en la Torá entre los Hijos de Israel, Yetro ascendió a un nivel comparable a Aarón el Sumo Sacerdote.

En ese punto, Yetro tenía que luchar con la decisión más importante de su vida, una decisión que sería un legado para todo *guer noájida* después de él. Yetro tenía que decidir entre permanecer como un *noájida* o convertirse y volverse un israelita, un judío.

Moisés le había dicho, *"Viajamos nosotros al lugar sobre el que dijo el Señor: 'Lo daré a ustedes'; ven con nosotros y te trataremos bien, pues el Señor se ha pronunciado favorablemente respecto a Israel"*, (Números 10:29).

Yetro contempló la oferta de benevolencia de Moisés. ¿Qué podrían realmente otorgar a un hombre de edad avanzada?

Calculemos aproximadamente la edad de Yetro. Su sabiduría le había llevado a la posición de uno de los consejeros principales del Faraón. Y está escrito, "Un hombre de cincuenta ofrece consejo".[29] Él había escapado de Faraón antes de que los egipcios empezaran a ahogar infantes israelitas en el Nilo, que significa que dejó Egipto antes de que Moisés naciera. Moisés tenía ochenta años cuando se paró delante de Faraón para liberar a los esclavos hebreos. Eso le daría al menos 130 años de edad a Yetro cuando vino a Sinaí.

---

[25]Uno podría argumentar que la Canción profética en el Mar estaba alabando a Dios, pero no fue una bendición en el verdadero sentido de la palabra, como sí fue dicho por Yetro.

[26]Rashí sobre Éxodo 4:18 refiriendo a la Mejilta.

[27]Ibid.

[28]Mejilta sobre Éxodo 18:11

[29]Capítulos de los Padres 5:25

"*¿Qué benevolencia pueden darme? No tengo apetito por riquezas materiales. He recibido honor y ultimadamente significa nada. Pero como un israelita, viviría bajo la luz de la Sejiná. Recibiría un alma exaltada nueva que ciertamente me beneficiaría en el Mundo Eterno. Por otro lado, si no regreso a mi parentela en Midián para enseñarles fe en el Dios de Israel, se perderán en oscuridad e impureza para siempre.*".

Yetro tenía que hacer una elección entre bueno y muy bueno. Está es escrito (Génesis 1:31), "*Y Dios vió todo lo que Él había hecho y he aquí que era muy bueno*". Hasta ese versículo, el recuento de la Torá sobre la creación indica que todo lo que vió Dios, toda la obra de Su mano, era bueno. Ahora, sólo al final, Dios vió que era muy bueno. La diferencia entre bueno y muy bueno es que lo muy bueno incluye lo malo. Puesto que este versículo viene a incluir a la creación entera, hay maldad en ella.[30] Pero Él lo llama "muy bueno" porque lo malo es también bueno, porque incluye la inclinación hacia el mal en el hombre y la dispensación del castigo. Aún estos son buenos, como escribió el Rey Salomón, "*Todo tiene su estación y su tiempo para cada propósito bajo los cielos*", (Eclesiastés 3:1).

Y el hecho es que la maldad es necesaria para la preservación de lo bueno, porque si no fuera por la inclinación hacia el mal, ningún hombre construiría una casa o tendría hijos. Y si no hubiera castigo, la humanidad tendría poco deseo por mejorar sus caminos.

Permanecer con Moisés y convertirse en judío habría sido bueno. Pero Yetro vió su regreso a Midián y a su familia como muy bueno. Incluía lo malo porque Midián era un lugar de gran maldad y si fallaba en enseñar a su familia la fe en Dios, habría perdido todo.

Al final, Yetro se dió cuenta que si permanecía con Moisés y se volvía judío, estaría básicamente sirviéndose a sí mismo, pero si regresaba a su familia, estaría sirviendo a Dios. Y así le dijo a Moisés, "*No iré [contigo], sino a mi tierra y a mi parentela iré*", (Números 10:30).

Al tomar este curso de acción, Yetro trascendió su naturaleza y se conectó con el Señor, el Dios de Israel. Esto vino a Yetro sólo mediante autosacrificio (*mesirat nefesh*) en el servicio a Dios. Por encima de esto, no hay mayor nivel en tanto que el alma está en el cuerpo.

Si Yetro se hubiera vuelto judío para entonces regresar a Midián para convertir a su familia, hubiera remado en contra de la tradición halájica que fuertemente desmotiva a los judíos de hacer proselitismo. Igualmente significante, habría fallado pues su pueblo, los kenitas, no se volvieron judíos.

Pero Yetro no falló. Dejó el Monte Sinaí y regresó a Midián como un *guer noájida* donde inspiró a los kenitas a volverse la primera nación, a la par de Israel, de abrazar el Código Noájida y asentarse en Tierra Santa como *guerim toshavim*, distinguiéndose ellos mismos como escribas, eruditos de la Torá y buenos vecinos en Israel.

Nota: El *Ohr HaJaim* nos dá una explicación alternativa sobre porqué a Yetro se le dió el honor de que llevara su nombre una porción de la Torá. Él escribe:

Ohr HaJaim sobre Éxodo 18:21

Dios podría haber encontrado muchas otras maneras de compensar
a Yetro por sus buenas acciones. Pero yo creo que
la razón para todo esto es que Dios deseaba mostrarle al pueblo judío
ya en ese tiempo y para todas las generaciones futuras
que hay hombres grandes e inteligentes entre las naciones del mundo.
Yetro era un ejemplo de un gentil iluminado
quien demostró esto más allá de cualquier duda.
Es para enseñarnos que si Dios eligió al pueblo judío como Su pueblo
no es debido a que tenga cualidades intelectuales superiores.
Dios eligió al pueblo judío como una recompensa

---

[30] *Ramban* (Rabí Moisés ben Najman, 1194 - 1270), el gran cabalista y autoridad legal.

por la lealtad que los Patriarcas Le habían mostrado
y como un acto de amor a su pueblo.

La parábola del parto de nalgas: Hay un punto en la ley de la Torá que dice que si una madre está en labor y es un parto de nalgas, y el brazo del infante sale primero, se tiene permitido cortar el brazo para salvar a la madre. Pero si la cabeza del bebé viene primero, entonces no se puede cortar la cabeza del bebé para salvar a la madre. Esta *halajá* se aplica a Yetro. Yetro es el brazo del bebé. Los rabinos de tiempos antiguos vieron que si Yetro hubiese sido reconocido como un gentil justo, esto pondría en peligro la vida de Israel, quien era como la madre que dá a luz. Por tanto, cortaron el brazo al transformar a Yetro en judío.

Como un judío, Yetro no significa mayor cosa para las naciones del mundo, solo otro judío antiguo. Pero como gentil, él es el perfecto sabio lleno de sabiduría y del espíritu de Dios. Y seguramente él podría haber inspirado a un gran segmento del mundo para acercarse a la Torá como *guerim toshavim*. Pero esto habría traido la ira de la Iglesia sobre las indefensas comunidades judías que vivían en el exilio en tierras extranjeras. Así que cortaron el brazo para salvar a la madre. Pero ahora, al comienzo de la era de la Redención Final, la cabeza de Yetro ha emergido primero y ya no puede ser cortada para salvar a la madre, quien esta vez no es Israel sino el Judaísmo, la religión de Israel. Esto es lo que llamamos los dolores de parto del Mesías.

"Y Moisés le dijo a Yetro, 'Por favor no nos abandones, puesto que conoces nuestro campamento en el desierto y has sido para nosotros como ojos. Y sucederá que, si vienes con nosotros, con el bien con que nos beneficiará Dios a nosotros te beneficiaremos nosotros mismos'", (Números 10:31,32)

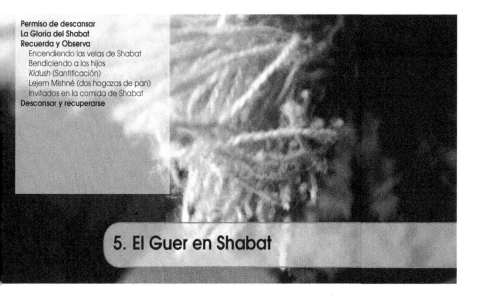

Permiso de descansar
La Gloria del Shabat
Recuerda y Observa
Encendiendo las velas de Shabat
Bendiciendo a los hijos
Kidush (Santificación)
Lejem Mishné (dos hogazas de pan)
Invitados en la comida de Shabat
Descansar y recuperarse

5. El Guer en Shabat

5.1 Permiso de descansar

Isaías 56:6,7

Y los *b'nei nejar*[1] (gentiles) quienes van con el Señor para servirLo
y para amar el Nombre del Señor, para ser Sus sirvientes,
todos quienes cuidan que no sea profanado el Shabat y se aferran a Mi pacto.
Los traeré a Mi santa montaña y haré que se regocijen en Mi Casa de Oración;
sus ofrendas ígneas y sus sacrificios serán aceptables sobre Mi altar,
porque Mi Casa será llamada una Casa de Oración para todos los pueblos.

Descansar en Shabat es la más venerable de todas las observancias religiosas. El pueblo judío ha observado 182.000 Shabats consecutivos desde que cruzó el Mar Rojo cerca de 3500 años atrás. Pero la heredad noájida del Shabat precede incluso a la del pueblo judío, pues los Patriarcas y los hijos de Jacob, de acuerdo con la *halajá* (Ley Judía), eran noájidas. Y dice respecto al Shabat, "*Abraham se alegraría, Isaac se regocijaría, Jacob y sus hijos descansarían en él*".[2]

Como fue mencionado en el capítulo "La Torá de Shem", Abraham observó las *mitzvot* de la Torá cientos de años antes de que fueran entregadas en el Monte Sinaí.[3] Pero, excepto por las Siete Leyes Universales y la *mitzvá* de circuncisión, él observó los mandamientos por libre voluntad y deseo, no por obligación. Pero para los Hijos de Israel, como un todo, las *mitzvot* efectivas no fueron reveladas hasta el Éxodo de Egipto.

Éxodo 15:22,23

Hizo Moisés que se trasladara Israel del Mar Rojo,
y salieron al desierto de Shur;
fueron por un período de tres días en el desierto, mas no encontraron agua.
Vinieron a Mará, mas no pudieron beber las aguas de Mará,
pues eran amargas.

---

[1]El *ben nejar* o *nojri* es un gentil que ha dejado de creer en la idolatría, pero que no ha aceptado en su plenitud el Código Noájida.
[2]Servicio de rezo en la tarde de Shabat.
[3]Talmud de Babilonia, Yoma 28b.

Mará fue el primer campamento de los israelitas después de cruzar el Mar Rojo. El Talmud[4] nos cuenta que en Mará al pueblo se le entregó diez *mitzvot*: siete que los noájidas habían aceptado para ellos mismos, y tres que Moisés añadió: leyes civiles, el Shabat y honrar a padre y madre.

Es significativo que las leyes del Shabat fueran dadas en Mará, cinco semanas y media antes de que los Hijos de Israel arribaran al Monte Sinaí. Esto significa que cuando al pueblo se le ordenó observar el Shabat, sus miembros todavía tenían el estatus de noájidas.[5]

Algunos comentarios sostienen que en Mará a ellos simplemente se les enseñó las leyes del Shabat, pero que no recibieron la obligación de cumplir con ellas. El mandamiento real vino unos días después cuando llegaron al desierto de Sin, que está entre Elim y Sinaí.[6]

El día después que arribaron al desierto de Sin, el maná cayó del cielo.

Éxodo 16:21-23

Lo recogieron mañana tras mañana, cada hombre de acuerdo con lo que comía.

Sucedió al sexto día (de la semana) que recogieron una doble porción de alimento.

Y Moisés les dijo: "Esto es lo que ha hablado Dios: un día de descanso,

un santo Shabat para Dios es mañana. Lo que deseen hornear, horneen

y lo que deseen cocinar, cocinen;

y lo que sobre, guárdenlo para ustedes bajo resguardo hasta la mañana".

Esta fue la primera normativa en contra de trabajar en Shabat, pues hornear y cocinar son actividades de trabajo prohibidas en Shabat.[7] A la gente también se le prohibió colectar maná en Shabat, puesto que recoger el producto de la tierra también es trabajo prohibido. Inmediatamente después de estas directivas, el versículo dice, "*Y descansó el pueblo el día séptimo*".[8]

No dice que los Hijos de Israel descansaron el séptimo día, sino que el pueblo descansó, lo que incluye a los noájidas que salieron de Egipto con Israel.

Uno podría argumentar que aquellos noájidas tenían un estatus especial porque estaban en camino al Monte Sinaí y pronto se convertirían en judíos. Y que, por tanto, tenían permitido guardar el Shabat. Pero es un principio de la Torá que nada es dado en términos potenciales a menos que esté específicamente establecido como tal, como en, "*Cuando vengas a la tierra, observarás... etc.*". De acuerdo a la Torá, cada persona es juzgada como se presenta al momento del juicio y las acciones futuras, buenas o malas, no afectan la balanza de la decisión. Más aún, en Sinaí el pueblo era libre de aceptar o rechazar la Torá, así que uno no podría haber pronosticado con certeza que los noájidas en el desierto de Sin llegarían efectivamente a convertirse en israelitas en el Monte Sinaí.

En el Monte Sinaí, cuando Dios habló las palabras de los Diez Mandamientos, Él específicamente mencionó al noájida en relación con el Shabat:

Éxodo 20:8-10

Recuerda el día de Shabat para santificarlo.

Seis días trabajarás y realizarás todo tu trabajo;

---

[4]Talmud de Babilonia, Sanedrín 56b.

[5]Los israelitas tenían obligación sólo hacia las Leyes Noájidas hasta la entrega de los Diez Mandamientos en el Monte Sinaí, cincuenta días después del Éxodo de Egipto.

[6]Éxodo 16:1.

[7]Melajá o "trabajo" que está prohibido no depende del esfuerzo, sino que está relacionado a las 39 actividades creativas específicas que fueron necesarias para construir el Tabernáculo en el Monte Sinaí.

[8]Éxodo 16:30.

pero el séptimo día es Shabat para el Señor, tu Dios;
no harás ningún trabajo - tú, tu hijo, tu hija, tu siervo, tu sierva,
tu animal y tu **guer dentro de tus portones**.
Porque en seis días hizo el Señor los cielos y la tierra, el mar
y todo lo que hay en ellos, y descansó el séptimo día.
Por eso, bendijo el Señor el día de Shabat y lo santificó.

Algunos Rabinos mantenían la opinión de que el **guer dentro de tus portones** se refiere a un judío converso. Pero el *Rambán* lo establece incondicionalmente como un *guer toshav*, un noájida que ha rechazado la idolatría y que ha tomado la obligación de las Siete Leyes Universales. El *Rambán* fundamenta su legislación en otro versículo (Deuteronomio 14:21), "*No comerás de nada que muera por sí mismo. Podrías darlo al* **guer dentro de tus portones** *para que lo coma o podrás venderlo a un* nojri".

Obviamente, está prohibido dar carne no-kosher a un judío converso, pues sus obligaciones son las mismas que las de cualquier judío, de manera que no debe comer esa carne. Por tanto, este *guer* dentro de los portones debe ser un *guer* noájida. A partir de esto, el *Rambán* estableció que cada referencia en la Torá al **guer dentro de tus portones** corresponde a un *guer* noájida, incluyendo esta mención de los Diez Mandamientos.

Ahora que sabemos que el **guer dentro de tus portones** no es un judío converso, sino un noájida, podemos establecer su relación con el Shabat.

Con respecto a la observancia del Shabat, hay dos categorías básicas de gentiles y dos categorías de observancia. Las dos categorías de gentiles son *acum* y *guer toshav*.

El *acum* es un idólatra y tiene prohibido observar el Shabat de cualquier manera. Tiene incluso prohibido descansar en un día de la semana (distinto al Shabat) como si fuera el Shabat. Y no podría decir, "Shabat shalom" o "Buen shabat", como un saludo. Cualquier cosa que el *acum* haga con respecto a la observancia del Shabat es una desecración del Shabat y una desecración del Nombre de Dios. Encontramos esto declarado explícitamente en la *Mishné Torá* del *Rambán*,[9] "*Un* acum *quien descansa aún en un día de la semana (distinto al Shabat), observando ese día como un Shabat, es culpable y merecedor de la pena capital*".

En contraste, el *guer toshav* tiene la libertad de observar el Shabat de cualquier manera que desee en tanto que no contradiga la *halajá*. Bajo ciertas circunstancias, está de hecho obligado a observar el Shabat como un judío, como *Rashí* escribe,[10] "*El* guer toshav *quien se ha comprometido a no servir a ídolos pero que retiene su derecho a comer carne no-kosher es advertido por las Escrituras de que su trabajo en Shabat es equivalente a adorar ídolos*".

El *guer toshav* debe refrenarse de trabajar en Shabat cuando vive entre judíos o cuando trabaja para un judío, porque entonces es un **guer dentro de tus portones**. Este *guer toshav* tiene prohibido trabajar en Shabat porque si así lo hace, los judíos pueden aprender de él y esto comprometerá la santidad del día. Judíos podrían ver que va a la playa o que enciende su barbacoa y dirán, "*si él procede así, entonces nosotros también deberíamos ser capaces de hacerlo*".

Pero cuando el *guer toshav* vive aparte de la comunidad judía o no está empleado por un judío, es libre de observar el Shabat como su corazón lo motive. Hay un versículo separado que le garantiza este derecho, como dice (Éxodo 23:12), "*Seis días harás tus actividades y en el séptimo día descansarás para que tu buey y tu asno puedan descansar y el hijo de tu criada y el* **guer** *puedan recobrar fuerzas*". Aquí, el *guer* no es llamado **dentro de tus portones** como en los Diez Mandamientos, sino simplemente **guer**.[11] En este versículo, la Torá le asegura al *guer*

---

[9]*Mishné Torá*, Leyes de Reyes 10:10
[10]Talmud de Babilonia, Yebamot 48b, comentario de Rashí.
[11]Rashí, siguiendo el Talmud de Babilonia, Yebamot 48b, identifica este *guer* como un *guer toshav*.

toshav su derecho a descansar y a recobrar fuerzas en Shabat, pero no le obliga a refrenarse de *melajá* (trabajo).

¿Qué pasa con el punto de vista, tan citado, que prohibe a todo gentil, sin considerar su estatus, descansar en Shabat? Esta opinión claramente contradice al Talmud que establece que un *guer toshav* debe cesar su trabajo en Shabat, si bien tomando una posición indulgente sobre el tema. De acuerdo a esta sección del Talmud:[12] un *guer toshav* tiene permitido trabajar para sí mismo en Shabat de la misma manera que un israelita tiene permitido trabajar en los días intermedios de los festivales.[13] Rabí Akiba sostiene que podría trabajar en Shabat de la misma manera que un israelita en el día del festival en sí mismo.[14] Rabí José sostiene que un *guer toshav* podría trabajar para sí mismo en Shabat de la misma manera que un israelita lo hace en un día laborable.[15]

De esta discusión podemos concluir que, de alguna manera, se espera que el *guer toshav* descanse en Shabat, y los parámetros correspondientes están delineados en el Talmud.

El desacuerdo entre los rabinos sobre un derecho del gentil de descansar en Shabat puede ser entendido por el comentario clásico de *Rashí* sobre el *Shemá Israel*, el fundamento de la fé judía: "**Escucha oh Israel, el Señor nuestro Dios, el Señor Uno es**", (Deuteronomio 6:4).

Comentario de Rashí[16]

Hoy en día, el Señor es nuestro Dios y no de las naciones.
Pero en el futuro Él será Un Dios, como está declarado (Tzefoniá / Sofonías 3:9),
"porque entonces Yo daré a la gente un habla pura para que
puedan proclamar el Nombre del Señor",
y está establecido (Zejariá / Zacarías 14:9),
"En ese día el Señor será Uno y Su Nombre será Uno".

Los rabinos que prohiben a los gentiles el derecho de observar el Shabat están enfocados en los gentiles de antiguas generaciones,[17] todos quienes fueron clasificados como *acum*, sin parte en el Dios de Israel. Esto está en contraste con los rabinos que se enfocan en los gentiles justos del tiempo presente (y del futuro), reconociendo su derecho a observar el Shabat. Hoy en día, hay decenas de miles de noájidas quienes proclaman el Nombre del Señor y acercan el mundo al Reino de Dios.

En años recientes, *batei din* (cortes rabínicas de ley) en Jerusalén, los Estados Unidos, Holanda, Australia y otros lugares están confiriendo el estatus de *guer toshav* a los noájidas que lo buscan. El estatus de *guer toshav* hoy en día es en gran medida ceremonial, pero lo distingue de los *acum* y reconoce su derecho a observar todas las *mitzvot* relevantes de la Torá, incluyendo el Shabat.

Está escrito en el *Sefer Sheva Mitzvot Hashem* de Rabí Moshe Weiner:[18]

En este tiempo, si bien no aceptamos *guerim toshavim*

---

[12]Talmud de Babilonia, Keritot 9a.

[13]Durante las festividades de Pascua y Sukot, que duran una semana, hay días intermedios durante los cuales se relajan las restricciones en contra de trabajar, en comparación con el primer y último díua de los festivales.

[14]Esta es una visión más estricta. En los días intermedios de un festival muchos tipos de trabajo son permitidos, pero en el día principal del festival, el único trabajo permitido es aquel que permite preparar la comida para ese día, lo que incluye cargar objetos en la vía pública.

[15]Esta es la opinión más indulgente. Rabí José permite cualquier actividad laboral, pero deja la elección al *guer toshav* mismo.

[16]Rashí, el acrónimo de Rabí Salomón ben Isaac. Vivió de 1040-1105.

[17]Rashí vivió de 1040 a 1105, dos generaciones antes del Rambán (1138 - 1204).

[18]Sefer Sheva Mitzvot Hashem, página 18. El texto original en hebreo es:

לכן בזמן הזה אע׳׳פ שאין מקבלין ג׳׳ת לענין זכויותיו ישראל מ׳׳מ אם בא לקבל על עצמו מרצונו להיות גר תושב וחסיד אומ׳׳ה בפני ג׳ לענין קבלת מצוותיו מקבלין אותו

con el propósito de otorgar privilegios (por ejemplo, vivir en la Tierra de Israel),
(en todo caso) si él se presenta ante una corte rabínica de tres (miembros)
para libremente aceptar sobre sí ser un *guer toshav*,
uno de los *Hasidei Umot HaOlamv (Justos entre las Naciones)*,
con el propósito de aceptar sus mitzvot,
nosotros lo aceptamos.

5.2   La Gloria del Shabat

"*Este es mi Dios y lo glorificaré... el Dios de mi padre y Lo exaltaré*" (de la Canción en el Mar, Éxodo 15:2).

El Talmud pregunta,[19] "*¿Cómo es posible que un hombre glorifique a su Creador? Abba Shaul dijo: ¡al emularLo! Así como Dios es clemente y misericordioso, así debes tú ser clemente y misericordioso*".

Y así como Dios descansó el séptimo día así deberías descansar en el séptimo día.

Un *guer* puede decir, "*Este es mi Dios y lo glorificaré*", pero, ¿puede decir: "*el Dios de mi padre y Lo exaltaré*"? Quizás el padre del *guer* veneró otro dios o era ateo. Pero puesto que Abraham es el padre de todos los *guerim*, todo *guer* puede decir, "*el Dios de mi padre y Lo exaltaré*".

Abraham glorificó a Dios al regocijarse en Shabat, así que es apropiado que sus hijos glorifiquen a Dios regocijándose en Shabat. En el Reino de Dios, todos descansan en el Séptimo Día.

Mucho debate se ha escuchado sobre el derecho del noájida a ser un observante de Shabat. Pero muy poco se ha dicho sobre la cuestión esencial: ¿por qué un noájida debería **desear** guardar el Shabat?

¿Cuáles son los beneficios de la observancia de la Shabat para el no-judío? Sabemos que será recompensado en el Mundo Eterno por Venir por cada *mitzvá* que realice; pero, ¿qué le entrega la observancia de Shabat en este mundo ahora?

Éxodo 20:11
En seis días hizo el Señor los cielos y la tierra, el mar
y todo lo que hay en ellos, y descansó el séptimo día.
Por eso, bendijo el Señor el día de Shabat y lo santificó.

Al observar el Shabat testimoniamos nuestra creencia de que Dios creó el mundo en seis días y descansó el séptimo. Y, al hacerlo, nos incluimos en las bendiciones y santidad del Shabat. Como Dios es eterno, Sus bendiciones y regalos de santidad son eternos.

El concepto de eternidad está más allá de la capacidad del intelecto humano, pero Dios nos ha provisto la habilidad de entender Su salvación eterna en relación a nuestra propia existencia. Meditar sobre el impresionante concepto de la bendición eterna de Dios trae revelaciones de verdad. Cualquier buen pensamiento sobre Dios es verdadero.

Eternidad significa sin fin. También significa sin comienzo (*Ain Tejila*), un concepto que la mente humana no puede comprender de manera alguna, porque no tiene nada con que compararse. El Shabat es la interface entre lo temporal y lo eterno. Es la perfección del tiempo.

Todo dios falso tuvo un comienzo y tendrá un fin. El Dios de Israel no tuvo comienzo. Él siempre fue, es y será. Ese debería ser el más confortante de todos los posibles pensamientos, y el más impactante.

---

[19]Talmud de Jerusalén, Peah 3a.

Éxodo 31:17
En seis días hizo el Señor los cielos y la tierra
y en el séptimo día Él descansó y renovó.

La palabra hebrea en este versículo para "renovó" es *nafash*, deletreado de la misma manera que la palabra hebrea para alma, *nefesh*. Los sabios preguntan,[20] "*¿Se cansó Dios y necesitó descansar y renovarse? No, al descansar en el séptimo día, Dios dió un alma a la creación, el Alma del Mundo. Aquel que descansa en el Shabat recibe una parte de esta alma, un componente espiritual adicional en su vida*".[21] Esta alma adicional es la porción de la persona en la pura *nafash*.

Deuteronomio 5:15
Recordarás que esclavo fuiste en la tierra de Egipto,
y que te sacó el Señor, tu Dios, de allí con mano fuerte y brazo extendido;
por lo cual te ha ordenado el Señor, tu Dios, que guardes el día de Shabat.

Cuando Moisés repitió las palabras de los Diez Mandamientos en Deuteronomio 5:6-17, explicó porqué Dios nos dió el Shabat. La razón es libertad. El Shabat libera a quien lo observa. Es la mayor liberación. Un esclavo trabaja cada día de su vida. Carece de la libertad de disfrutar de un día de descanso. Cuando los israelitas eran esclavos de Faraón en Egipto, hubieran sido asesinados si hubieran parado de trabajar un día de la semana. Solo mencionar tal idea hubiera provocado que los azoten sin piedad. Pero Dios los sacó de Egipto y los liberó de casa de servidumbre. Para recordar esto, Él nos dió el Shabat como un recordatorio perpetuo de esta libertad.

Como un día completo de descanso, el Shabat otorga libertad total, que sólo Dios tiene el poder de entregar.[22] Aún las almas que están siendo castigadas en *guehinnom* (purgatorio) reciben un respiro por el día completo de Shabat.

Durante los seis días de la semana, fuerzas espiritualmente impuras (*kelipot* / cáscaras) se vinculan a sí mismas a la santidad y desvían el flujo de energía Divina hacia ellas mismas, manteniendo al mundo en oscuridad. Pero en Shabat, la fuerza santa de la creación es elevada por fuera de alcance y liberada de estas *kelipot*.[23] Esta es la razón por la que en Shabat, se nos recomienda ser indulgentes con nostros mismos en comida y bebida y relaciones maritales.[24] Cualquier tipo de daño espiritual que estas indulgencias pudieran causar durante los seis días de la semana, es nulificada en el séptimo día. Este es un gran secreto.

Shabat es un puerto seguro en medio de las furiosas Aguas del Diluvio de Noaj, que los sabios enseñan es la lucha por ganarse la vida y que prosperan en un mundo lleno de pruebas y retos, conflictos y trampas, y deshumanidad del hombre hacia el hombre. Y así establece el proverbio, "*Más de lo el judío ha cuidado el Shabat, el Shabat lo ha cuidado a él*". Hará lo mismo por el *guer*. Hará lo mismo por el mundo entero.

---

[20]Comentario del *Rambán* sobre Éxodo 31:17.

[21]*Rambán* sobre Éxodo 31:17.

[22]La libertad que proviene del resultado de la intervención humana es imaginaria y llena de contradicciones. Desde una perspectiva cósmica, sentarse en una tumbona en una playa del Pacífico Sur no es libertad. Tampoco lo es mirar al teléfono celular y decir, "Espejito, espejito, ¿quién es la más bella de todas?".

[23]*Kitvei Arizal, Sefer Pri Etz Jaim, Sha'ar Shabat*, capítulo uno.

[24]Eso no significa que comer comida prohibida o embriagarse o tener relaciones sexuales ilícitas se vuelva kosher súbitamente. Definitivamente no.

5.3 Recuerda y Observa

Recordar y observar son las dos formas de guardar el Shabat.[25] La palabra hebrea para recordar es *zajor*. La palabra hebrea para observar es *shamor*.

"Recordar" se refiere a honrar y disfrutar, o deleitarse en el día de Shabat. "Observar" se refiere a refrenarse de trabajar. En este contexto, trabajo no significa esfuerzo físico. Implica las 39 actividades laborales creativas (*melajot*) que fueron usadas para construir el Tabernáculo en el desierto. Estas incluyen

1. arar,	22. anudar,
2. plantar,	23. desatar,
3. segar,	24. dar forma o modelar,
4. cosechar,	25. quemar,
5. trillar,	26. extinguir,
6. beldar o aventar,	27. terminar o completar una labor,
7. seleccionar,	28. escribir (e.g. dos o más cartas),
8. cernir,	29. borrar (e.g. dos o más cartas),
9. moler,	30. costruir,
10. amasar,	31. demoler,
11. peinado,	32. entrampar,
12. hilar,	33. esquilar,
13. entintar,	34. matar,
14. bordar,	35. desollar,
15. retorcer,	36. curtir,
16. tejer,	37. aplanar,
17. desenredar,	38. marcar,
18. cocinar,	39. cargar (e.g. un objeto entre el dominio
19. lavar,	público y privado o más de 2.5 metros en el
20. coser,	dominio público).
21. rasgar,	

Puesto que este es un libro para y sobre el *guer*, nos enfocaremos en *zajor* (recordar) el día de Shabat, puesto que es relevante para todo *guer* en todos los tiempos en todos los lugares.

¿Cómo sabemos que *zajor* (recordar) es especialmente relevante para el *guer*? Una pista viene del valor numérico (*guematría*) de la palabra *zajor* (Zayin-Kaf-Vav-Resh), que es 233, la misma *guematría* que *l'guer*, para el *guer*.[26]

Esto en contraste con *shamor* (observar) que tiene *guematría* 546, el mismo valor numérico que *ha'Yisrael*, el israelita.

Zajor se refiere a las cosas que hacemos para honrar el día de Shabat y para disfrutarlo. Esto incluye las preparaciones de los días laborables para Shabat que nos ayudan a recordar al Shabat durante toda la semana. Por ejemplo, si estás en un mercado y ves un corte de carne muy bueno o un corte de fruta u otra delicia, puedes comprarlo y ponerlo aparte para el Shabat.

O, cuando compras una nueva vestimenta, puedes esperar hasta el Shabat para estrenarlo. O, el viernes por la mañana puede establecerse como el tiempo para cambiar la indumentaria de la cama, así que puedas disfrutar del cambio cuando te vayas a dormir el viernes por la noche.

Ninguna de estas prácticas son difíciles y reglas fijas, pero juegan su parte en honrar al Shabat y son aspectos de *zajor*. Estas no son obligaciones, sino oportunidades.

---

[25]Éxodo 20:8 y Deuteronomio 5:12.

[26]Las letras del alfabeto hebreo son también números. *Alef* es uno, *Bet* es dos, *Guimel* es tres, etc. Derivar un significado a partir del valor numérico de las palabras hebreas se denomina *guematría*.

Viernes es *Erev Shabat*.[27] El día entero es una transición de lo mundano a lo santo, no siempre un salto fácil. A menos que haya una restricción de tiempo debido a una carrera o escuela, mucho de cada viernes es invertido normalmente en preparaciones de Shabat.

Imagina que te enteras que una gran Reina vendrá a pasar un día en tu casa como huesped. ¿No te asegurarías de que todo esté impecablemente limpio y ordenado? Los sabios del Talmud veían al Shabat exactamente de esa manera, como una Reina, la *Shejiná*.

Rabí Hanina se ponía sus mejores ropas y al anochecer del viernes, exclamaba, "*Vamos a recibir a la Reina Shabat*". Rabí Jannai se ponía sus mejores indumentarias y cantaba, "*¡Ven, oh novia, ven, oh novia!*".[28]

Independiente de si es invierno, cuando los días son cortos, o verano, cuando son largos, los viernes parecen demasiado cortos para tener todo listo y a tiempo. Los pisos necesitan ser limpiados o aspirados, particularmente los pisos de la cocina, comedor y de los baños. Flores recién cortadas son ubicadas en la mesa del comedor o cerca del mismo.[29] Un corte de cabello es apropiado, las uñas se cortan, el calzado es lustrado y todos han tomado un baño o se han sumergido en una *mikvá*. *Jalá*, las hojas de pan tradicional de Shabat, son cocinadas o compradas y ubicadas sobre una mesa y cubiertas con un tradicional manto de satín blanco.

Las velas quedan listas para el encendido y la mesa es dispuesta con la mejor cristalería, porcelana y menaje, o al menos con un grado superior de indumentaria de plástico. Las familias que se abstienen de *melajá* en Shabat se aseguran que la comida para el séptimo día esté cocinada el viernes y lo ponen en un calentador antes del anochecer.

Erev Shabat puede volverse frenético y los ánimos a veces se encrespan mientras el anochecer se aproxima, pero siempre es un día de gozo y realización. Quizás lo más importante de todo es que uno se toma tiempo para prepararse mental y emocionalmente para la paz y gozo y libertad del Shabat. Esto se consigue al separar algo de tiempo para silenciosamente estudiar la porción semanal de la Torá, lo que es llamado "vivir con los tiempos".

Muchas personas escuchan música el viernes por la tarde para dar ambiente de Shabat a la casa. Hay una larga liturgia de canciones e himnos clásicos de Shabat que pueden encontrarse en internet. Y el tipo de música de *Erev Shabat* no necesita ser judía. Podría ser música simple y pura de origen irlandés o japonés, etc. Nada prepara mejor la casa para Shabat que el tipo apropiado de música dispuesto el viernes tarde.

Es un mecanismo de santidad tratar al Shabat como un eje referencial para el resto de los días de la semana. Domingo, lunes y martes están conectados con el Shabat anterior. En miércoles, viramos la esquina y empezamos a dirigirnos al Shabat venidero. Para jueves y viernes, el olor a Shabat está definitivamente en el ambiente. En hebreo, los días de la semana están explícitamente conectados con Shabat.[30] Domindo es llamado Primer Día de Shabat, Lunes es el Segundo Día de Shabat, etc. De hecho, la palabra para "semana" en hebreo es Shabat.[31]

El *Arizal* enseñaba que un ordenamiento apropiado para la semana es utilizar domingos y viernes para meditación puesto que ambos días están conectados con el Shabat. Lunes y jueves son para el estudio de la Torá. Martes y miércoles son para propósitos financieros. Y sábado es Shabat, el santificado día de descanso.

Un ejemplo del honor (*kavod*) que se le da al Shabat se manifiesta en la forma en que se saluda la gente. En Shabat no se dice, "buenos días". Se dice, "buen Shabat" o "Shabat shalom".

---

[27]La noche del jueves está incluida en el viernes.

[28]Talmud de Babilonia, Shabat 119a.

[29]Algunos cabalistas enseñan que cortar flores no es algo positivo y que no es apropiado para el hogar. Flores vivas son algo mucho mejor.

[30]Los nombres familiares de los días de la semana, domingo (*sunday*), lunes (*monday*), martes (tuesday), etc. se derivan de los nombres de dioses falsos que supuestamente gobernaban el día respectivo. Miércoles / *wednesday* es el día de Wotan. Jueves / *thursday* es el día de Thor, etc.

[31]La palabra hebrea más usada para semana es *shavua*.

No dicen, "hola" o "adiós". Dicen, "buen Shabat" o "Shabat shalom". Todos los saludos o despedidas en este día usan la misma fórmula, ya sea buen Shabat o Shabat shalom. Esto está en cumplimiento de las palabras del profeta Isaías:

Isaías 58:13,14
Si cuidas tus pasos debido al Shabat, y te cuidas de ir en pos
de tus propias necesidades en Mi santo día;
si declaras al Shabat "una delicia", el santo día del señor, honrándolo por la santidad del Señor,
y lo honras evitando ir por tus propios caminos y evitando tus afanes
y evitando hablar cosas inapropiadas.
Entonces te gozarás con el Señor y Yo haré que te eleves a las cimas del mundo,
y te alimentaré con la heredad de tu ancestro Jacob,
porque la boca del Señor ha hablado.

Para el *guer* esto significa simplemente que todas las bendiciones de Shabat se vuelven su heredad cuando mira a Jacob como su ancestro, como dice,[32] "*Y en tí (Jacob) y en tu simiente serán bendecidas todas las familias del mundo*". Y el *Rashbam*[33] emplea un significado alternativo de la palabra hebrea, "bendecido", como "injertado", interpretando el versículo en que todas las familias de la tierra serán injertadas en la Congregación de Jacob.

Esto sugiere que el *guer noájida* es llamado a aprender "*Col HaTorá Culá*", todo aspecto de la Torá, no simplemente las Siete Leyes de Noaj, como dice (Deuteronomio 33:4), "*La Torá que Moisés nos ordenó es la heredad de la Congregación de Jacob*".

5.3.1 Encendiendo las velas de Shabat

La madre de todos los *guerim* es Sarah, la esposa de Abraham. Abraham y Sarah trajeron a cientos de almas bajo las alas protectoras de la *Shejiná*. Abraham convertía a los hombres y Sarah convertía a las mujeres.[34] El verbo para "convertir" es *m'gayer* en masculino y *m'gayeret* en femenino.

Hoy en día, estos términos se usan exclusivamente para referirse a la conversión al Judaísmo, pero en la generación de Abraham y Sarah no existía el concepto de conversión al Judaísmo porque la Torá no había sido entregada.[35] Para Abraham y Sarah hacer *guerim* significaba traer gente a la verdadera fé en Dios. El fundamento de esta fé era la observancia de las Siete Leyes de Noaj.

Sarah fue la primera mujer en enceder una lámpara el viernes tarde en honor al Shabat. La luz de Sarah iluminaba su tienda durante el Shabat y continuaba encendida hasta la tarde del siguiente viernes cuando la limpiaba y encendía de nuevo.[36]

Sarah encendía con aceite de oliva antes que con velas. Hay mujeres hoy en día que continuan la tradición de encender con aceite de oliva aun cuando es costoso y difícil de manejar. Pero usar velas es la norma.

Algunas mujeres usan velas blancas y altas. Otras usan velas de té. Y otras prefieren usar velas hechas con cera de abejas, importadas de Israel.

Los candelabros de Shabat de hogares judíos son pasados de madre a hija o de madre a nuera por generaciones. Si no fuera por persecuciones y confiscaciones de propiedad judía durante el

---

[32]Génesis 28:14
[33]Rabí Samuel ben Meir (1085-1158), uno de los principales eruditos de la Torá de su generación en Francia.
[34]Génesis 12:5, *Rashí* sobre el versículo.
[35]Abraham nació en el año hebreo 1948, exactamente 500 años antes de que la Torá fuera entregada en el Monte Sinaí.
[36]Génesis Rabá 60.

largo exilio, habría candelabros o lámparas de aceite en familias con una antiguedad de mil años o más.

Cuando Sarah murió, Isaac hizo luto por la pérdida de su madre hasta que se casó con Rebeca y la trajo a la tienda de su madre donde ella encendió la lámpara de Shabat, como dice, *"E Isaac fue consolado después de la muerte de su madre".*[37]

La palabra para "consolado" en este versículo es *"najem".* Es la misma palabra usada para indicar "descanso" en Shabat y tiene la misma raíz que el nombre Noaj.

Encender velas de Shabat es tan consolador hoy en día como lo fue cuando iluminó la tienda de Sarah hace casi cuatro mil años. Es la "shalom" (paz) de Shabat shalom, pues la luz de Shabat derrama paz en toda casa en que son encendidas.

El tiempo acostumbrado para el encendido es dieciocho minutos antes de la puesta del sol. Las velas no se encienden después de la puesta del sol y ciertamente no después del anochecer porque está escrito en la Torá, *"Tú no encenderás un fuego en ninguna de tus viviendas el día de Shabat".*[38] Como con todas las observancias, se espera que los *guerim noájidas* actúen en concordancia con la *halajá*.

Algunas mujeres encienden dos velas. Otras encienden una vela por cada miembro de la familia. Las velas generalmente son blancas y nunca roja, pues el color rojo es un símbolo de juicio estricto, y en Shabat el juicio es suspendido y la misericordia prevalece en todos los mundos.

El encendido de las velas de Shabat es un tiempo auspicioso para que la mujer de la casa ofrezca palabras de gratitud a Dios por las bendiciones que Él ha derramado sobre ella y para rezar por el bienestar de su familia y amigos. Es también costumbre poner unas cuantas monedas en la caja de caridad justo antes del encendido.

En muchos hogares, el hombre de la casa enciende las velas antes de la hora convenida y las apaga. Esto prepara las mechas y hace más fácil el encendido principal. Su participación también le provee un espacio en el encendido. Y es su tarea el recordarle gentilmente a su esposa cuando ha llegado el tiempo del encendido principal.

Mientras se prepara para el encendido, la mujer medita sobre el hecho de haber sido escogida como mensajera de Dios quien le ha dado la fuerza para disipar las tinieblas al encender las luces de paz de Shabat. Mientras enciende, recita la bendición, *"Bendito eres tú Oh Señor nuestro Dios, Quien bendice y santifica al Shabat".*

Después que ella ha encendido las velas y ha terminado de decir sus oraciones, medita sobre la luz que ahora aparece ante sus ojos. A pesar de que haya dos o más velas con dos o más flamas, hay una única luz emanando de ellas. Este es el secreto de la Unicidad.

5.3.2 Bendiciendo a los hijos

Es habitual que un padre bendiga a sus hijos antes de la comida del viernes por la noche. Pone ambas manos sobre las cabezas de sus hijos varones y los bendice, uno a la vez, diciendo, *"Quiera el Señor hacerte como a Abraham"*, y entonces, *"Quiera el Señor bendecirte y guardarte. Quiera el Señor hacer resplandecer su rostro hacia ti y te tenga misericordia. Quiera el Señor volver Su rostro a ti y te conceda la paz".*[39]

De manera similar, bendice a cada una de sus hijas diciendo, *"Quiera el Señor hacerte como a Sarah"*, seguido de la bendición, *"Quiera el Señor bendecirte y guardarte, etc.".*

---

[37] Génesis 24:67.
[38] Éxodo 35:3
[39] Números 6:24-26.

5.3.3 *Kidush* (Santificación)

La palabra *zajor* tiene la misma raíz hebrea que la palabra *l'hazkir*, mencionar. Mencionar la santidad del Shabat es la esencia de recordarlo. Mediante el habla traemos conceptos y sentimientos al mundo. Esto encuentra su mayor expresión al decir *Kidush* antes de la comida de la noche de Shabat sobre una copa de vino o jugo de uva.

El *Kidush* es rabínico en origen, no escritural, pero es la esencia de la santidad del Shabat, el par espiritual del encendido de las velas de Shabat. Así como las luces anulan la oscuridad, el *Kidush* usa vino, que tiene poder para destruir al hombre, para elevar y santificar el día.

Cualquier copa sirve y cualquier vino o jugo de uva sirve, pero este es un sacramento que merece lo mejor. Por tanto, es apropiado que la copa de vino de *Kidush* sea de plata esterlina[40] o al menos revestido de plata o cristal fino o cualquier otra copa que de honor a la ceremonia. Nunca se usa oro porque los recipientes del Santo Templo eran de oro y el Templo está en ruinas; que sea recostruido pronto en nuestros días.

El vino o jugo de uva usado debe ser kosher certificado. No se debe a que el *guer* tenga que beber vino kosher. Sino que la santidad del *Kidush* invita al uso de vino o jugo de uva kosher debido a su naturaleza sacramental. Esto, también, es una oportunidad y no una obligación.

La copa se llena con vino o jugo de uva y es sostenida en la mano derecha del hombre. Si él es zurdo, su izquierda es considerada como su mano derecha. Todos se ponen de pié y él recita lo siguiente:

De Génesis 1:31, 2:1-3
Y fue noche y fue mañana el sexto día.
Y los cielos y tierra fueron terminados y todos sus componentes.
El séptimo día Dios completó Su trabajo que Él había hecho
y Él descansó el séptimo día de todo Su trabajo que había hecho.
Y Dios bendijo el séptimo día y lo santificó porque en él descansó
de todo Su trabajo que Dios creó e hizo funcionar.

Quien puede leer y entender hebreo podría decir estos versículos en hebreo.

Después que son recitados los versículos bíblicos, quien hace el *Kidush* recita dos bendiciones.

Bendito eres tú, Oh Señor nuestro Dios, Rey del universo, quien crea el fruto del vino (todos contestan, "Amén").

Bendito eres tú, Oh Señor nuestro Dios Quien bendice y santifica el Shabat (todos contestan, "Amén").

Quien hace el *Kidush* se sienta y bebe el vino o el jugo de uva. Puede entonces añadir algo de vino o jugo de uva de la botella para rellenar su copa y verter algo de su copa en la copa de su esposa y en las copas de los demás que están en la mesa. Algunas personas prefieren poner un poco de vino o jugo de uva en las copas de los demás antes de recitar el *Kidush*, y todos beben cuando él lo hace.

5.3.4 Lejem Mishné (dos hogazas de pan)

El *Kidush* es un preludio a la comida de la noche de Shabat. El aspecto ceremonial de la comida misma es el pan que es comido primero. Dos hogazas reposan en una tabla de picar bajo un

---

[40]En verdad, una copa de plata arruina el sabor del vino; asimismo, vino guardado en cristal de plomo puede ser peligroso para la salud. Pero el vino de *Kidush* es colocado en la copa y entonces se lo consume casi inmediatamente. Y durante la comida, la cristalería para el vino (en caso de que se beba vino con la comida) no es la copa de *Kidush* sino un vaso de vidrio ordinario.

manto decorativo de color blanco como un recordatorio de la doble porción de maná que aparecía el sexto día (viernes), una porción para ese día y una porción para Shabat, el día siguiente.

En los hogares judíos, la cabeza del hogar eleva las dos hogazas y recita la bendición, *"Bendito eres Tú, Oh Señor nuestro Dios, Rey del universo, Quien hace brotar el pan de la tierra"*. Entonces corta una rebanada para sí mismo y lo mancha tres veces en sal que yace en la tabla de picar o que reposa en un plato separado, y da un mordisco al pan.[41] Entonces corta pedazos para todos los presentes en la mesa, manchando cada rebanada tres veces en sal y entonces entregándola, primero a la esposa, y entonces a todos los demás. Manchar el pan en la sal es un recordatorio del Santo Templo, donde las ofrendas sobre el Altar eran embardunadas en "un pacto de sal".[42]

Las dos hogazas de pan son llamadas *jalá* por la porción de masa que se entregaba a los sacerdotes judíos (*Kohanim*) en tiempos del Templo. La clásica *jalá* judía es un rico pan de huevo, usualmente cada hogaza hecha de tres trenzas. En años recientes, un extenso movimiento por una alimentación más sana ha inspirado a mujeres jóvenes a experimentar con trigo integral, centeno y harina de espelta para hornear *jalá*. Pero la vieja guardia está en contra de esto, afirmando que en Europa conocían bastante bien lo que era el pan negro, y te dirán que en Shabat, "¡Todo debe ser blanco incluido el pan!".

Después que el pan es probado por todos, comienza la comida. Para el *guer* la comida de la noche de Shabat no tiene restricciones y puede consistir de cualquier tipo de comida que guste a la gente. Esto es *oneg* Shabat, deleitarse en el Shabat. El poder especial de esta comida es tan grande que quien lo disfruta es elevado por encima de cualquier castigo de *guehinnom*[43] al que pudiera haberse hecho acreedor durante la semana anterior.[44]

En hogares judíos de occidente, una comida de viernes noche puede empezar típicamente con pescado, enonces sopa de pollo, y tanto como veintiun platos, incluyendo condimentos, ensaladas, vegetales, pudines (*kugel*), arroz o papas, y el plato principal de aves o carne roja o ambas. Y entonces un postre de compote de fruta o pastel, seguido por nueces y caramelos y una taza caliente de té o café. Los vegetarianos tienen igualmente comidas igual de sofisticadas, particularmente si comen huevos y queso y están dispuestos a invertir tiempo en hacer cazuelas, platos al curry, arroz y vegetales, ensaladas y pasteles.

Muchos observantes de Shabat comen muy simple durante la semana y se liberan para Shabat. No es extraño escuchar de familias que son estrictamente vegetarianas durante la semana, pero comen pollo o carne en Shabat. Esta era la manera de Abraham Isaac Kook, el primer Rabino en Jefe de Israel.[45] Por supuesto, en el hogar judío todo es kosher. El *guer* maneja el tema del *kashrut* de la manera que crea más conveniente. Puede mantener poco o mucho o nada kosher. En tanto que todos disfruten la comida de viernes noche, es un éxito gastronómico y espiritual.

Una de las grandes cosas de la comida de viernes noche es que es muy probable que atraiga a todos los miembros de la familia, aún a los hijos mayores y los traiga a la mesa de Shabat. Tener a la familia junta en una atmósfera de santidad y calidez de Shabat acompañada por buena comida y bebida es en sí misma una recompensa que paga dividendos por generaciones.

Es meritorio decir palabras de Torá en la comida de Shabat, una historia o quizás una enseñanza de la porción semanal de la Torá. Estas palabras son como semillas que son depositadas en los corazones de los hijos. Un día los chicos crecerán, sus corazones se abrirán, las semillas brotarán y el Árbol de la Vida crecerá, como dice, *"Si tres han comido en la misma mesa y han*

---

[41]La razón por la que come antes de compartir pan a otros es porque no debe haber pausa entre el enunciado de la bendición y comer el pan.

[42]Números 18:19.

[43]Purgatorio.

[44]Shulján Aruj HaRav, Hiljos Shabos.

[45]Rabí Kook fue el Rabino en Jefe Ashkenazi de 1921 a 1935, antes que Israel se constituyera como estado.

hablado palabras de Torá allí, es como si hubieran comido de la mesa de Dios".[46]

5.3.5 Invitados en la comida de Shabat

Abraham, el padre y modelo principal para todos los *guerim*, era un hombre muy rico quien mantenía su carpa abierta en los cuatro lados como símbolo de la generosa hospitalidad que rodigaba a todos. Abraham usó su gran fortuna para actos de bondad, dando a la gente un lugar para dormir y comida para comer y, cuando era posible, un medio de subsistencia. Y les enseñó el conocimiento de Dios.

Emular a Abraham significa tener invitados en Shabat, alimentar a gente que necesita una comida. Esto no significa necesariamente al pobre o al indigente a pesar de que ciertamente están incluidos. La persona que necesita una comida podría ser alguien de fuera de la ciudad o una pareja que está remodelando su cocina o alguien que desea un descanso de cocinar, o gente que simplemente gusta de su compañía y desea un poco del sabor de Shabat de la manera en que usted lo prepara.

Los ángeles guardianes de las setenta naciones son llamados ministros, *sarim* en hebreo. Abraham era llamado *Nasi Elokim*, un Príncipe de Dios,[47] un nivel superior al de los ángeles ministrantes. Entre los miles de invitados que Abraham hospedó y alimentó estuvieron tres grandes ángeles, seres espirituales quienes no comen comida física. Pero fue la voluntad de Dios que estos ángeles trasciendan su naturaleza y, de hecho, coman la comida que Abraham les dió.[48] No sólo son todas las familias de la tierra bendecidas a través de Abraham,[49] sino que él fue elegido por Dios para ser una fuente para los ángeles, todo debido a su rasgo de misericordia.

Una de las delicias asociadas a tener invitados en Shabat es caminar con ellos una parte del camino de regreso a casa después de la cena. Esto es más evidente en hogares donde no conducen sus vehículos en Shabat. En una noche de viernes en verano, caminar sin prisa con tu invitado después de la cena puede ser uno de los puntos más altos del día. Y en el invierno, todo abrigado y caminando en la nieve, eres reconfortado al saber que escoltar a tu invitado en su regreso es una *mitzvá*, y la has realizado con autosacrificio.[50]

"Y Abraham plantó un árbol de eshel (tamarisco) en Beersheva y allí proclamó el nombre del Señor, el Dios Eterno", (Génesis 21:33).

Abraham plantó el árbol de la hospitalidad. La palabra hebrea, *"eshel"* es un acróstico para *ojel* (comida), *sheina* (hospedaje) y *livuy* (acompañamiento), los tres deberes esenciales de un anfitrión.

5.4 Descansar y recuperarse

Es un deber para cada *guer* descansar y recuperarse en Shabat.[51] Cómo se consigue esto, depende de cada individuo. Algunas personas se suman a la comunidad judía. Consumen tres comidas festivas, escuchan la lectura de la Torá que se lee en la sinagoga el sábado por la mañana, y van a un estudio o grupo de discusión en la tarde. Otros salen a la naturaleza y van al parque o se relajan junto a un lago o río, o hacen un picnic en un lugar tranquilo, o disfrutan de la maravilla del cielo nocturno y contemplan la grandeza del Creador.

Cada uno de los Patriarcas tenía su forma distintiva de descansar y recuperarse en Shabat. *"Abraham se regocijaba en él, Isaac cantaba canciones en él, Jacob y sus hijos descansaban*

---

[46]Capítulos de los Padres 3:4.
[47]Génesis 23:5.
[48]Ibid., 18:8.
[49]Ibid., 12:3.
[50]Si estás lleno con la comida y exhausto por una semana particularmente fuerte, estás excusado.
[51]Éxodo 23:12

en él con un descanso de amor y entrega, un descanso de verdad y fé, un descanso de paz y serenidad y tranquilidad y seguridad, un descanso perfecto que Dios favoreció".[52]

Ceremonia de Havdalá

En la noche de sábado, cuando tres estrellas de tamaño mediano pueden verse en los cielos, hay una tradición de marcar el fin del Shabat con *Havdalá*, una ceremonia que reconoce la distinción entre lo santo y lo secular.

Una copa, usualmente la misma copa usada para *Kidush*, se llena con vino o jugo de uva hasta que se desborda ligeramente, una expresión del versículo, *"Has ungido mi cabeza con aceite, mi copa está rebosando"* (Salmos 23:5).

Un candelabro trenzado de *Havdalá* con múltiples mechas es tomado y encendido, entonces se mantiene en alto para que todos lo vean. Candelabros de *Havdalá* se venden en todas las tiendas de libros y judaica. Si uno no tiene un candelabro de *Havdalá*, dos velas pueden ser prendidas y mantenidas juntas de manera que las dos flamas se conviertan en una.

Especies molidas, como canela o clavo de olor, o una mezcla de especies fragantes son ubicadas sobre la mesa en frente de quien hace *Havdalá*. Hierbas aromáticas del jardín son excelentes para esto. Algunas personas usan una caja de plata o madera especialmente hecha para las especies, pero cualquier tarro de especies funcionará.

Quien dice la *Havdalá* eleva la copa con su mano derecha, y dice:

Dios es mi salvación, confiaré y no temeré, porque el Señor Dios es mi fuerza y mi alabanza y mi canción y Él fue una salvación para mi. (Esta es una versión abreviada del texto completo que puede ser encontrado en cualquier libro de rezos Hebreo - Español).

Ahora él dice cuatro bendiciones:

Bendito eres Tú Oh Señor nuestro Dios, Rey del universo, Quien crea el fruto del vino (todos dicen, "amen").

No bebe en este momento, sino que baja la copa, toma el depósito de especies y dice: *Bendito eres Tú Oh Señor nuestro Dios, Rey del universo, quien crea especies de fragancia* (todos dicen, "amén"). Quien hace *Havdalá* huele las especies y pasa el depósito para que todos puedan oler la fragancia.

La persona que sostiene el candelabro lo eleva un poco y quien hace *Havdalá* dice: *Bendito eres Tú Oh Señor nuestro Dios, Quien crea las luces del fuego* (todos dicen, "amén"). Todos elevan sus manos derechas para ver la luz reflejándose en sus uñas.

Finalmente quien hace *Havdalá* dice: *Bendito eres Tú Oh Señor nuestro Dios, Rey del universo, Quien separa entre lo santo y lo mundano, entre la luz y la oscuridad, entre Israel y las naciones, entre el séptimo día y los seis días de trabajo. Bendito eres Tú Oh Señor Quien separa entre lo santo y lo secular* (todos dicen, "amén").

Quien hace *Havdalá* se sienta, eleva la copa y la bebe. Toma el candelabro de la mano de la otra persona y apaga la flama en el vino derramado que está en el cuenco.

La costumbre es mencionar al Profeta Eliyá y al Mesías en una breve canción: *Eliyá el profeta, Eliyá el tishabita, Eliyá el guiladita. Que vuelva pronto en nuestros días con el Mesías el hijo de David.*

El servicio de *Havdalá* formalmente termina el Shabat con palabras de alabanza y honor, de la misma manera en que el *Kidush* lo inauguró con palabras de alabanza y honor. La razón para oler las especies es para recuperar a todos después de la partida del alma del Shabat, *Nafash*. El candelabro es prendido como un recordatorio de que Dios dió el don del fuego a Adán la noche que le siguió al primer Shabat para iluminar la oscuridad del mundo.

*   *   *   *

---

[52]Sidur, rezo de la tarde de Shabat.

El Shabat es una isla en el tiempo. El tiempo es su frontera, pero el Shabat no es acerca del tiempo. El séptimo día comienza y termina de acuerdo con la rotación de la Tierra sobre su propio eje en la presencia del Sol. Entonces, el Shabat puede ser medido por el movimiento a través del espacio. Pero el Shabat no es acerca del espacio o del movimiento. El Shabat está por encima de la naturaleza arropado en la naturaleza. Es un regalo divino del tesoro de Dios que permanece por encima del tiempo y del espacio, pero existe dentro del tiempo y espacio un día a la semana. Shabat es un estado de ser. Si entra en él, experimenta un poco del Mundo por Venir. *Nafash.*

6. La Reina de Sheba

La narrativa sobre el Rey Salomón y la Reina de Sheba se encuentra en el Primer Libro de Reyes 10:1-13.

A simple vista, parecería una historia de dos grandes soberanos rindiéndose tributo uno al otro con oro y plata, joyas y especias. Pero en realidad, es acerca del alma de un *guer noájida* que busca redención.

1 Reyes 10:1

La Reina de Sheba escuchó sobre la fama de Salomón
a través del Nombre de Dios,
y vino a probarlo con acertijos.

El versículo inicial nos cuenta que la Reina de Sheba conoció de la fama del Rey Salomón a través del Nombre de Dios. En este contexto, el Nombre de Dios significa la revelación que la despertó de su letargo, como dice (Jeremías 3:14), *"Retornen hijos descarriados, dice el Señor, pues Yo soy su esposo, y los tomaré uno de una ciudad y dos de una familia y los traeré a Zión. Y les daré pastores de acuerdo a Mi corazón y ellos les alimentarán con conocimiento y sabiduría"*.

La Reina de Sheba no tenía marido. Ella escuchó reportes sobre la sabiduría Divina del Rey Salomón y sintió el impulso de ver por ella misma si los reportes eran veraces. Si eran verdaderos, quizás ella podría encontrar liberación e iluminación de él. Súbitamente, Sheba está en camino de Jerusalén para probar a Salomón con acertijos que podrían ser contestados únicamente por una persona con sabiduría Divina.

1 Reyes 10:2

Y ella vino a Jerusalén con un tesoro enorme,
camellos cargando especies y una fortuna
en oro y piedras preciosas, y ella vino a Salomón y le habló
todo lo que estaba en su corazón.

La Reina de Sheba era una mujer sorprendente, revestida de sabiduría y conocimiento, una belleza rara en rostro y forma, y una monarca que gobernaba con autoridad absoluta sobre un imperio vasto y rico que se extendía desde Yemen hasta Etiopía y que le proporcionaba gran riqueza, oro, diamantes y safiros, y especies costosas.[1] Pero la Reina de Sheba era una descendiente de Ham, el tercer hijo de Noaj, y ella era una idólatra.

Espiritualmente, su heredad provenía de Eliezer, el siervo de Abraham, también un descendiente de Ham.

Cuando Abraham le pidió a Eliezer que fuera a Haran para encontrar una esposa para su hijo, Isaac, Eliezer preguntó a Abraham la razón por la que no podía casarse con su hija. Abraham le contestó que no podía dar a Isaac la hija de Eliezer porque Eliezer, como un descendiente de Canaan el hijo de Ham, había sido maldecido por Noaj (Génesis 9:25), *"Maldito es Canaan, un esclavo de esclavos será para sus hermanos"*.

Puesto que Isaac se proyectaba como el factor primario para mover el mundo hacia la perfección, no podía mezclar su sangre con otra que llevara una maldición.

La Reina de Sheba deseaba saber si sobre ella posaba estaba maldición. Era posible que ella fuera una descendiente de Canaan, como dice (Génesis 10:18), *"y las familias de Canaan se dispersaron en el extranjero"*. Pero ella podría haber sido también una descendiente del primogénito de Ham, Cush, quien no cayó bajo la maldición de Noaj. Si la sabiduría de Salomón era Divina, él podría decirle si ella estaba sujeta a la maldición de Noaj,[2] y si lo era, le podría decir cómo nulificarla. Quizás él mismo podría nulificarla. Así que ella fue despertada por Dios para probar a Salomón para ver si su sabiduría era humana o proveniente de Dios.

1 Reyes 10:3
Y Salomón le explicó a ella el significado profundo de todas sus palabras;
no hubo nada oculto por el rey que no le explicara a ella.

Salomón respondió exitosamente todos los acertijos de la Reina de Sheba y fue más allá, explicando todo lo que estaba en el corazón ella. Él leyó su mente y le reveló pensamientos que ella no había todavía pensado, pero que los tendría en el futuro.

1 Reyes 10:4-6
Y la Reina de Sheba vió toda la sabiduría de Salomón
y la casa que él había construido.
Y la comida de su mesa, el personal de trabajo y el nivel de sus ministros
y la fina ropa y los empleados de las bebidas
y las ofrendas ígneas que eran sacrificadas en el Templo del Señor,
y no quedó espíritu dentro de ella.

La Reina de Sheba quedó asombrada por el mundo del Rey Salomón. Tan grande como era su corte, era nada comparada con la monarquía judía. La perfección de cada detalle y la calidad del personal de sirvientes y ministros de Salomón la deslumbraron.

La esencia interna del mundo es su gente.[3] No se deje engañar por bellos paisajes, por montañas y lagos y magníficos bosques. La medida de un lugar es su gente. Y en la corte de Salomón, la Reina de Sheba vió personas brillantes y refinadas más allá de lo que ella había conocido o imaginado. Ella se dió cuenta que este era un ambiente más allá de lo natural, un reino que podría ser construido solo por sabiduría Divina.

---

[1] Yemen es la fuente primaria en el mundo de incienso.

[2] Cush era el nombre original de Etiopía, indicando que su pueblo era descendiente de Cush. Puesto que Sheba gobernaba sobre Etiopía, ella podría haber sido una descendiente de Cush y no de Canaan.

[3] Shaar Kavanot del Arizal.

Cuando ella estuvo suficientemente impresionada, Salomón la llevó al Santo Templo, y presentó ofrendas ígneas sobre el Gran Altar de Sacrificios.[4] Ella vió descender de los cielos al arcángel Ariel en forma de un león de fuego para consumir los sacrificios.[5]

Ella olió el dulce aroma del *ketoret*, el incienso del Templo, y escuchó a los Levitas cantar los Salmos de David acompañados por una orquesta de cientos de músicos tocando arpas, laudes, cornetas, flautas, tambores y panderetas. Sus emociones se elevaron a los cielos. Era como si Dios le hubiera quitado su espíritu y le hubiera dado uno nuevo, como dice (Salmos 51:12), "*Crea en mí un corazón puro, Oh Dios, y renueva dentro de mi un espíritu recto*".

Cuando ella se enteró que Salomón había construido este Templo para el Nombre del Dios de Israel, dijo al rey:

1 Reyes 10:6-9
"Las palabras que escuché en mi tierra sobre tus hechos
y tu sabiduría eran verdaderas.
Pero no creí estas cosas hasta que vine y las ví con mis propios ojos,
y he aquí que ni la mitad me había sido dicho;
tienes más sabiduría y bondad que lo que me reportaron".

Dios había traido a Zión a la Reina de Sheba. Le dió al Rey Salomón como un pastor quien le enseñó sabiduría y conocimiento de la Torá. Le reveló el amor de Dios por los Hijos de Israel, como Él los había purificado de la dura servidumbre de Egipto. Y entonces, Él los liberó y los llevó al Monte Sinaí y les entregó la Torá y la misión de enseñar las Siete Leyes de Noaj a las naciones del mundo.

Ella escuchó con interés y entonces planteó una pregunta tan difícil de responder como sus acertijos, "*Ningún israelita vino a enseñarnos que el sol no era Dios. Ningún israelita vino a enseñarnos que había un Dios Quien habló para que el mundo exista. ¿Por qué ha fallado Israel en su misión?*".

Salomón le dijo (Cantares 5:2), "*Estoy dormido, pero mi corazón está despierto*".

Toda la humanidad, aún los hombres más sabios, incluso el mismo Salomón está en un trance hipnótico. El trance hipnótico lava el cerebro de la gente y le hace pensar que Dios no existe. Y la gente que que sabe que Dios efectivamente existe son guiados por el trance hipnótico de que no pueden confiar en Él porque Él no es realmente bueno.

Y, de esta manera, cada uno es dado a confiar y amar algo que no sea Dios. Puede ser el sol o la luna o un avatar o un sabio o una filosofía o las ideas propias sobre la vida. Estos son falsos dioses del trance hipnótico. Pero un día pronto el trance será hecho añicos. El mundo conocerá la verdadera fé en Dios y la humanidad empezará a confiar en Dios. Y el *guer* liderará el camino hacia esta Redención.

La Reina de Sheba dijo a Salomón:

1 Reyes 10:8,9
"Afortunados son tus hombres,
afortunados son los sirvientes
quienes pueden estar cerca tuyo todo el tiempo y escuchar tu sabiduría.
Sea el Señor, tu Dios, bendecido;
Quien deseó ponerte en el trono de Israel.
Fue debido al amor eterno del Señor por Israel
que te puso como rey para hacer justicia y rectitud".

[4]Targum Yonatan.
[5]II Crónicas 7:1. Zohar I, 6b; III, 32b, 211a.

La Reina de Sheba había renunciado a su idolatría. Ella se dió cuenta que todo en su vida había venido directamente de la mano del Señor y que ella podía confiar en Él completamente.

Todo ser en la creación, desde el más notable de los ángeles hasta el más insignificante gusano en el fondo del océano, desea recibir bondad y derramar bondad sobre otros. Pero Dios tiene toda la bondad y la derrama sobre quien la acepte.

A la Reina de Sheba se le había dado una nueva alma, el alma de una *guer noájida*. Ella aceptó las Siete Leyes de Noaj y se le entregó un lugar de vida Eterna en el Mundo por Venir. Dios la amaba y ella lo sabía, y ella amó a Dios por ello.

1 Reyes 10:10
Y ella dió al rey ciento veinte talentos de oro
y un gran volumen de especies y piedras preciosas;
nunca más fue vista una abundancia de especies
como la que dió la Reina de Sheba al Rey Salomón.

Se dijo al principio que la Reina del Sheba era rica y poderosa, pero aún entre los reyes más ricos y potentados los regalos que ella presentó a Salomón no tenían precedente. Ciento veinte talentos no suena como una suma excepcional de oro, pero lo es. Un talento de oro corresponde a 42.5 kilogramos o 42500 gramos. Al precio actual (noviembre 2014), el valor en el mercado de un gramo de oro es $42.00. Esto significa que el oro que la Reina de Sheba dió a Salomón, para los estándares actuales, correspondería aproximadamente a dos billones de dólares. Esto aparte del tesoro en diamantes, safiros y especies raras que ella le presentó.

1 Reyes 10:13
El Rey Salomón le dió a la Reina de Sheba todo lo que ella pidió;
aparte de lo que él le dió conforme a la habilidad del Rey Salomón;
y ella se volvió y se fue a su tierra, ella y sus sirvientes.

Sheba tenía una última pregunta que plantearle a Salomón. Había sido la razón por la que había venido. *"Soy una descendiente de Ham, el hijo de Noaj. Deseo saber si la maldición de Noaj cae sobre mí y mi familia y mi pueblo".*

Salomón le dió una respuesta definitiva. *"No".*

"¿Cómo puedes estar tan seguro? Puedes rastrear mi línea de sangre hasta su fuente"

"Si fueras la hija de Canaan o incluso si fueras Canaan, la maldición de Noaj no caería sobre tí".

"Necesito entender por qué no".

Salomón continuó, *"Dios designó setenta príncipes angelicales para vigilar a las setenta naciones principales del hombre. Pero no hay príncipe angelical sobre Israel, sólo Dios Mismo. Ahora que te has vuelto una* guer *justa al observar las Siete Leyes de Noaj, tú has sido removida de la vigilancia angelical de Canaan y has sido injerta en Israel. Nada que se aplica a Canaan o a cualquiera de sus descendientes se sigue aplicando a ti. Esto no sería cierto antes de que Israel recibiera la Torá en el Monte Sinaí. Si hubieras aceptado las Siete Leyes de Noaj antes de la Revelación de Sinaí, no habrías sido puesta bajo la supervisión de Dios Mismo. Pero en el Monte Sinaí el mundo cambió. Los Hijos de Israel se volvieron una nación de sacerdotes y un pueblo santo y el resto del mundo pasó por un cambio en potencial. Aún los antiguos canaanitas, a quienes se nos ordenó destruir debido a sus malvados procederes, serían amnistiados si aceptaran las Siete Leyes de Noaj. Ni tú ni ninguno de tus descendientes ni nadie de tu pueblo que siga los caminos de la Torá está sujeto a la maldición de Noaj".*

Ella le preguntó, *"¿Te puedo creer?".*

"*Estoy dispuesto a jurarte que te estoy diciendo la verdad*".

"*Deseo que hagas más que eso. Deseo que pruebes que no hay maldición sobre mi sangre teniendo un hijo conmigo. Eso es lo que deseo. Eso es lo que pido*".

Salomón dijo, "*Haré como pides*".

Salomón y Sheba durmieron juntos y concibieron un hijo.

Pronto después de ello, ella regresó a su casa satisfecha de saber la verdad y de que todo estaba bien. Ella había sido bendecida por Dios.

Cuando la Reina de Sheba llegó a Etiopía, guió a todo la gente bajo sus dominios a renunciar a la idolatría. Las crónicas de la historia de Etiopía nos dicen que la gente "caminó en los caminos del Dios de Jacob" por los siguientes 1200 años.

Los sabios judíos dicen que una hija nació del Rey Salomón y de la Reina de Sheba.[6] Ella llegó a ser ancestro de Nabucodonozor, el rey de Babilonia que destruyó el Santo Templo y llevó a los judíos al exilio babilónico.

*   *   *   *

El pueblo de Etiopía tiene una tradición antigua que cuenta una versión diferente de la historia del Rey Salomón y de la Reina de Sheba. Es una leyenda que forma "la piedra angular del sentimiento religioso y nacional de Etiopía"[7] hasta hoy en día. La versión está completamente por fuera de la tradición judía. La incluimos únicamente para mostrar la mentalidad de una nación cuyo pueblo adoptó el Judaísmo sin volverse judía.

Cuando la Reina de Sheba llega, es saludada con gran ceremonia. Ella presenta a Salomón fastuosos regalos de oro y joyas y especies raras y se sorprende de su sabiduría y su porte real. La leyenda empieza cuando la Reina de Sheba, la monarca reinante en Etiopía, escucha que el Rey Salomón era el más sabio de todos los hombres sobre la tierra, así que ella prepara un viaje a Jerusalén para escuchar su sabiduría.

Salomón le dice que toda su sabiduría le fue dada por el Dios de Israel, un Dios que ella no conoce. Ella dice que su pueblo adora al sol a quien llaman creador y rey. Ella admite que ningún hombre les ha dicho que hay un Dios más grande que el sol.

La Reina dice, "*Desde este momento no adoraré al sol sino que adoraré al Creador del sol, el Dios de Israel. Él será un Dios para mí y para mi simiente después de mí y sobre todos los reinos bajo mi dominio*".

Ella permanece en Jerusalén por seis meses y entonces envía un mensaje a Salomón, diciendo, "*Por mi pueblo, deseo regresar a mi propio país*".

Salomón sopesa en su corazón y dice, "*Una mujer de gran belleza ha venido a mí. Quizás Dios me dará simiente en ella*". Pues Salomón había tomado como esposas mujeres de todas las naciones, diciendo, "*Mis hijos heredarán las ciudades de esas naciones y destruirán a aquellos que veneran ídolos*".

Salomón da un banquete real de despedida para la Reina de Sheba. Cuando todos los sirvientes se habían retirado y estaban solos, él se acerca a ella y dice, "*Duerme aquí hasta mañana por amor*".

Ella le responde, "*Júrame que no me tomarás por la fuerza y yo te juraré que no tomaré ninguna de tus posesiones por la fuerza*". Él le jura y ella le jura.

La Reina se rinde al sueño, pero pronto despierta con la boca seca por la sed, pues Salomón había servido comida salada en el banquete. Antes de que ella durmiera, Salomón había puesto un recipiente con agua y una copa junto a su cama. Ella llena la copa y está a punto de beber

---

[6]Midrash Hava b'Shashelet HaKabbalá 42.

[7]Edward Ullendorf, The Schweich Lectures, 1967.

cuando Salomón aparece y dice, "*¿Por qué has roto tu promesa de no tomar por la fuerza algo de mi casa?*".

La Reina dice, "*He pecado en contra de mí misma, pero déjame beber algo de agua para calmar mi sed*". Salomón le respondió "*¿Estoy entonces libre del juramento que me hiciste declarar?*". Y la Reina dice, "*Estás libre de tu juramento, pero déjame beber*". Él le deja beber algo de agua y después ellos duermen juntos y conciben un hijo.

Antes de que ella parta, Salomón le da el anillo de su dedo meñique, y dice, "*Toma esto para que no me olvides. Y si llega a suceder que yo tenga descendencia de ti, este anillo será un signo. Y si es un varón, el vendrá a mí. Que Dios te acompañe. Ve en paz*".

La Reina de Sheba deja Jerusalén y viaja a casa. Nueve meses y cinco días después da a luz a Menelik, un hijo que se parece a Salomón. Al cumplir veintitrés años, él le dice a su madre que desea ir a su padre, el Rey Salomón. Su madre, la reina, le da el anillo que Salomón le entregó como signo.

La narrativa continua declarando que en aquellos días, el Rey Salomón no tenía hijos, excepto un niño de siete años cuyo nombre era Rehoboam.[8] Cuando Menelik apareció delante de Salomón y le mostró el anillo, Salomón se regocijó y estuvo agradecido con Dios Quien ahora le había dado un hijo quien gobernaría sobre el Arco del Pacto.

El tiempo llegó para que Menelik regresara a casa. Él le pide a Salomón una pequeña pieza del aro de oro de la cubierta del Arca, prometiéndole que él y su madre y todos sus súbditos lo venerarían.[9]

Salomón le pide que permanezca en Jerusalén , pero el dice, "*Es imposible para mí vivir aquí, porque tienes un hijo, Rehoboam, quien es mejor de lo que yo soy, pues él nació de tu esposa legalmente, mientras que mi madre no es tu esposa de acuerdo a la ley*".

Antes de dejar Jerusalén, Menelik es llevado al Lugar Santísimo[10] y y la soberanía le es entregada por boca de Zadok, el Sumo Sacerdote y por Joav, el comandante del ejército del Rey Salomón.[11] Ellos lo ungieron con el aceite del reinado. Él emerge de la Casa del Señor, y de ahí en adelante ellos llaman su nombre David.

De acuerdo a la leyenda, Salomón envía a los primogénitos de la tribu de Judá para que acompañen a Menelik y residan con él en la tierra de Etiopía. Él también envía a Azariá, el hijo de Zadok el Sumo Sacerdote.

Azariá les dice a los otros, "*Un ángel se me apareció y me instruyó que tomase la Santa Arca de la Ley de Dios. Porque el pueblo de Israel ha provocado la ira de Dios, y por esta razón Él hará que la Santa Arca de Dios parta de ellos*".

Esa noche, Azariá y tres de sus amigos hicieron una versión en madera del Arca y fueron al Santo Templo. Milagrosamente, encontraron todas las puertas abiertas, tanto las exteriores como las interiores que guiaban al Lugar Santísimo. Dirigidos por un ángel, reemplazaron el Arca verdadera con la de madera y salieron. La leyenda establece que si no hubiera sido la voluntad de Dios, la santa Arca no podría haber sido retirada. Y todo esto, incluyendo la remoción del Arca, fue hecho sin el conocimiento de Menelik.

Cuando él y los hijos de Judá partieron de Jerusalén, ellos le dijeron, "*¿Te revelaremos algo? ¿Puedes guardar un secreto?*".

---

[8]Esto es incorrecto. II Crónicas 12:13 establece que Rehoboam tenía 25 años cuando Sheba visitó a Salomón. Por tanto, el viaje de Menelik a Jerusalén habría tenido lugar después de siete años después de que Salomón murió.

[9]Esto por supuesto es idolatría, y es un indicativo de que el texto de la leyenda como nos ha llegado combina monoteísmo con páganismo.

[10]Este es otro error. únicamente el Sumo Sacerdote judío tiene permitido entrar al Lugar Santísimo y únicamente en Yom Kippur. Los reyes de la Casa de David no eran ungidos en el Templo, sino en la Fuente de Gihon, una piscina de agua fuera de las murallas de Jerusalén. Véase I Reyes 1:33,34.

[11]Esto, también, es un error. Joav era el comandante militar de David, no de Salomón. Joav fue ejecutado por traición al inicio del reinado de Salomón por Banaiá ben Yehoiada, el nuevo comandante militar de Salomón. Véase I Reyes 2:28-34.

Y el responde, "*Sí, puedo guardar un secreto. Si me lo dicen nunca lo repetiré hasta el día de mi muerte*".

Ellos le dicen que han tomado la Santa Arca y que ella sería su guía para siempre, para él y para su simiente después de él si únicamente cumpliera con la voluntad del Señor su Dios. Es advertido de que será incapaz de llevarla de vuelta aún si lo desea, y que su padre no podrá tenerla sin importar lo duro que lo intente, porque el Arca sigue su propio camino y no podría haber sido removida del Lugar Santísimo si no lo deseara.

Gozosamente, Menelik danza como un siervo, así como su abuelo David danzó delante del Arca cuando la llevó a Jerusalén.

Llegaron a la frontera de Etiopía sin ningún contratiempo en el camino y todas las provincias de Etiopía se regocijaron, porque la Santa Arca está enviando una luz como la del sol en la oscuridad.

Esa noche, Salomón tuvo un sueño de que el sol descendió a Etiopía y que nunca retornaría a Judá. Zadok el Sumo Sacerdote entiende esto como indicativo de que el Arca ha sido tomada. Corre al Lugar Santísimo y descubre que el Arca se ha ido.

Salomón persigue a Menelik y su grupo y viene a Gaza. La gente le informa que el grupo de hombres salió nueve días antes y que viajaban más veloces que águilas. Salomón entiende que esto fue divinamente ordenado y que no sería capaz de recuperar el Arca.

Salomón lamenta la pérdida del Arca. Y le es revelado proféticamente que todo sucedió de parte de Dios. Salomón les dice entonces a los sacerdotes, "*No revelen esto o, de otra manera, los paganos incircuncisos se gloriarán sobre nosotros. Tomemos el Arca falsa de madera y pongámosle un revestimiento de oro, y pongamos el Libro de la Ley dentro de él. Por esto, Dios enfriará su ira hacia nosotros y no nos abandonará ante nuestros enemigos, y Él no removerá Su misericordia de nosotros, sino que recordará el pacto con nuestros padres Abraham, Isaac y Jacob*".

La leyenda concluye diciendo que el Arca del Pacto ha permanecido en Etiopía desde ese día y que allí permanecerá hasta el Día del Juicio cuando regresará al Monte Zión de la manera en que Moisés la dió, y los muertos serán levantados y vivirán de nuevo.

De acuerdo a su propia tradición, Etiopía ha tenido una dinastía de 225 reyes y reinas que descienden de Salomón y Sheba. Esta es la línea real más larga de la historia del mundo, sobreviviendo por cerca de 3000 años. El último monarca reinante fue Haile Selassie, el Emperador de Etiopía de 1930 a 1974.

Haile Selassie se llamaba a sí mismo "León de Judá" en referencia a su ancestro real que retrocedía hasta el Rey David. Las implicaciones mesiánicas aquí son obvias.

En 1974, un grupo de oficiales militares, conocido como Derg, respaldado por los soviéticos depusieron a Haile Selassie y proclamaron el final de la dinastía salomónica. En agosto de 1975, los Derg anunciaron que Haile Selassie había muerto en prisión de fallas respiratorias. Es ampliamente asumido que fue asesinado.

El texto oficial de la versión etíope de la historia de Salomón y Sheba es llamado *Kebra Nagast* (Gloria de los Reyes). Fue adaptado de antiguas tradiciones etíopes por los monjes del siglo 14. El *Kebra Nagast* incluye una discusión de cómo los antiguos etíopes evolucionaron de las prácticas paganas hacia el sol y la luna y las estrellas para convertirse en siervos del Dios de Israel y observantes de los mandamientos de la Torá por un período de aproximadamente 1200 años.

En torno al año 325, el Rey Ezana de Etiopía se convirtió al Cristianismo y llevó en esto a sus conciudadanos. Desde la perspectiva judía, esto fue un retroceso desastroso a las raices idolátricas de la nación. Era como si el mérito de la Reina Sheba hubiera seguido su camino y no pudiera sostener más las almas de su gente con pureza.

Todas las referencias a los etíopes en la presente discusión se refieren a la población indígena

gentil de Etiopía. Esto excluye a la comunidad de judíos etíopes conocidos como Beta Israel.
Estos judíos negros vivieron independientemente del grueso de la sociedad etíope a pesar de una
cierta taza de asimilación y de matrimonios mixtos a lo largo de los siglos.

De acuerdo a la tradición judía etíope, los Beta Israel eran miembros de la tribu de Dan
quienes emigraron a Etiopía desde el reino norteño de Israel durante las primeras fases del
período del Primer Templo. La mayoría de los Beta Israel, aproximadamente 130000 hombres,
mujeres y niños, fueron traidos a Israel durante los últimos treinta años del siglo 20, y se han
asimilado a la sociedad israelí.

Es importante señalar que hasta este día la Iglesia Ortodoxa Etíope es la única secta que
incluye la circuncición y las leyes dietéticas judías como parte de sus ritos sacramentales, un
remanente de los muchos siglos en que los etíopes observaron la Torá como *guerim noájidas.*

Jeremías 3:14
Retornen hijos descarriados, dice el Señor,
pues Yo fui un esposo para ustedes,
y los tomaré uno de una ciudad y dos de una familia
y los traeré a Zión.

7. El Arca de la Alianza

Hay una relación profunda entre el Arca de Noaj y el Arca del Pacto. En castellano, las palabras para referirse al Arca de Noaj y al Arca de la Alianza son las mismas. Pero en hebreo, el Arca de Noaj es una *teva* y el Arca de la Alianza es un *aron*. Ambas palabras se refieren a una caja o contenedor de algún tipo. El Arca de Noaj fue una caja flotante enorme de madera que fue recubierta con alquitrán por dentro y fuera para prevenir filtraciones de agua. Contenía parejas de las criaturas que Dios había elegido para salvar en un mundo condenado a la destrucción. Análogamente, el Arca de la Alianza era una caja de madera que fue recubierta por dentro y por fuera con el oro más puro. Testificaba que Dios había elegido a los hijos de Israel para salvación y redención.

A más de significar caja, la palabra hebrea para el Arca de Noaj, *teva*, significa una palabra escrita. De forma similar, el Arca de la Alianza contenía las palabras de los Diez Mandamientos, escritas por el dedo de Dios.

Las diferencias entre el Arca de Noaj y el Arca de la Alianza son tan impactantes como sus similitudes. La Presencia Divina fue revelada por el Arca de la Alianza, porque Dios habló a Moisés y a profetas de Israel posteriores de entre los querubines ubicados encima del Arca. Inversamente, la Presencia Divina fue oculta por el Arca de Noaj. Dios le habló a Noaj únicamente antes de que entrara al Arca y no hasta que Él le dijo a Noaj que saliera del Arca.

El Arca de la Alianza es vital para el noájida, quizás aún más que el Arca de Noaj. Es el asiento de profecía, y profecía es la esencia de la Torá noájida. Y el Arca testifica que el *guer noájida* puede descansar en Shabat.

El Arca de Santidad fue una creación milagrosa que trasciende nuestro mundo físico y que, sin embargo, reside dentro de él.[1] Al contemplar su estructura y naturaleza, traemos la luz del Arca de Santidad, que es la luz de la *Shejiná*, al mundo, primero en nuestras mentes y corazones y entonces hacia fuera. Tiempo y espacio son irrelevantes aquí. Esta es la definición de alma.

Con esta relevancia al *guer* como contexto, vamos a explorar el Arca de la Alianza desde varias perspectivas.

---

[1] Esto será explicado luego.

7.1 Diseño y estructura del Arca

Los detalles del diseño y estructura del Arca fueron decretados por Dios y están escritos en Éxodo 25:10-22.

El Arca era una caja de madera intercalada entre dos cajas de oro puro. La caja del medio estaba hecha de madera de acacia y estaba abierta en la parte superior. Sus dimensiones eran 2.5 codos de largo, 1.5 codos de ancho y 1.5 codos de alto. Esto es aproximadamente 150 cm (59.1 plg) de largo, por 90 cm (35.4 plg) de ancho y 90 cm (35.4 plg) de alto.[2] Una caja de oro puro era acomodada dentro de la caja de madera, y estas dos cajas eran ubicada entonces dentro de una caja exterior de oro puro. Las paredes de la caja exterior de oro eran de un palmo (10 cm o 3.0 plg) más altas que las paredes de la caja de madera. Encima del borde de la caja externa de oro estaba una corona decorativa de oro (*zer*).

El borde superior de la caja de madera también estaba cubierto con oro de manera que nada de madera se mostraba sobre el Arca.

Cuatro anillos de oro estaban conectados a lo ancho del Arca, dos anillos en un lado y dos anillos al otro lado. Una pértiga de madera de acacia cubierta de oro se insertaba a través de cada par de anillos. El Arca era cargada por estas dos pértigas.

Una cubierta de oro sólido llamada *Capporet* (Expiación) era ubicada para que se sentara encima del Arca, acoplándose su largo y ancho con precisión. La cubierta del Arca tenía un palmo de grueso. La corona por encima del borde de la caja exterior de oro se elevaba ligeramente por encima de la base de la cubierta del Arca.

Dos querubines de oro permanecían en los extremos de la cubierta del Arca, un querubín al un extremo, dándole la cara al otro y mirando hacia abajo a la cubierta del Arca. Los dos querubines fueron confeccionados con la forma de los ángeles que guardan el camino al Árbol de Vida en el Jardín de Edén.[3] La cabeza de cada querubín tenía características faciales humanas y alas como de ave. Sus pies también se asemejaban a los de las aves. Desde la cabeza hasta las espaldas lucían como humanos, pero desde sus alas hacia abajo, tenían la apariencia de pájaros.[4]

Los dos querubines no fueron hechos separadamente para entonces ser conectados a la cubierta, sino que fueron trabajados a partir del mismo inmenso lingote de oro como la cubierta del Arca misma, de manera que todo constituía una única pieza. Las alas de los querubines se extendían hacia arriba y hacia afuera, protegiendo desde arriba la cubierta entera del Arca. Era de entre las alas de los querubines que la Voz de Dios le hablaba a Moisés y a los posteriores profetas de Israel.

Dentro del Arca descansaban las dos tablas de los Diez Mandamientos, escritas en piedra por el dedo de Dios, como dice (Éxodo 25:16), "*Y tú pondrás el Testimonio que te daré en el Arca*".

Entonces, la construcción del Arca de la Alianza estuvo completada, todo de acuerdo a la Palabra de Dios.

---

[2]Talmud de Babilonia, Yoma 72b, la opinión de Rabí Meir. Nuestras aproximaciones se obtienen considerando que un codo mide 60 centímetros o 23.6 pulgadas.

[3]Génesis 3:24.

[4]Rabí Avraham ben Rambam.

7.2 La Naturaleza del Arca

El Arca era sobrenatural pero revestida de la naturaleza. Fue un objeto físico hecho a mano por Betzalel el hijo de Uri de la tribu de Judá, siguiendo las instrucciones dadas por Dios a Moisés en la cima del Monte Sinaí.

Betzalel construyó y supervisó a los otros constructores del Tabernáculo, como dice:

Éxodo 31:2

Mira, he llamado por el nombre a Betzalel,
hijo de Uri, hijo de Jur, de la tribu de Judá.
Lo he colmado del espíritu de Dios, de sabiduría, entendimiento y conocimientos,
y de todas las artes; para tejer diseños, trabajar el oro, la plata y el cobre;
para labrar las piedras para los engarces y grabar la madera:
para realizar todas las artes.

El Talmud[5] nos cuenta que Betzalel tenía 13 años de edad cuando construyó el Arca.

Betzalel no solamente construyó con las habilidades propias de un maestro artesano. Él estaba revestido con sabiduría Divina y sabía como contemplar y permutar las letras de la Creación, como para preparar una morada para Dios, el Eterno, sobre la tierra. Construir una casa para que el Infinuto resida en un mundo finito era un milagro en sí mismo. El Arca de la Alianza era la esencia de este milagro.

El Tabernáculo era un Templo de Dios móvil que se desplazó con los Hijos de Israel durante los cuarenta años de su deambular a través del desierto. El Arca abría camino, llevado por cuatro levitas. Si calculamos el peso del Arca, rápidamente nos daremos cuenta que cuatro hombres no podrían haberlo levantado, eso sin tener en cuenta el calor abrasador del desierto de Sinaí. La densidad del oro puro es 19.3 gramos por centímetro cúbico. Con una medida de 150 cm por 90 cm po 10 cm, la cubierta del Arca tenía 135000 centímetros cúbicos, un peso de 2605.50 kilos o 5732.1 libras. Y esto, sin los querubines del Arca y la Tablas, que habrían provocado un peso total del Arca de casi tres toneladas métricas. No solo que hubiera sido imposible para cuatro hombres cargarla, sino que, si intentaran levantarla, el enorme peso del Arca habría quebrado las pértigas como dos cerillas.

Lo que sucedió en realidad es que el Arca llevaba a los Levitas, llevándolos a lo largo del desierto sin que sus pies tocaran el piso,[6] como dice:

Josué 4:11

Y sucedió, cuando todo el pueblo había atravesado completamente (el Jordán),
que el Arca del Señor atravesó,
y los sacerdotes, en la presencia del pueblo.

El Arca atravesó por su cuenta y tomó consigo a los sacerdotes para la cabalgata.

El Arca viajaba adelante de los Hijos de Israel, abriendo paso para la nación como si emitiera rayos de energía, eliminando serpientes y escorpiones, elevando valles y aplanando montañas mientras avanzaba.[7]

Cuando el Rey Salomón movió el Arca al Lugar Santísimo del Primer Templo, se dieron cuenta que el Arca no ocupaba espacio en la tierra. El Lugar Santísimo era una cámara de 20 codos de ancho. Midieron de una pared al Arca y la medida era 10 codos. Entonces midieron desde el otro lado del Arca hacia elmuro opuesto, y también medía 10 codos. ¡Pero el Arca misma tenía 2.5 codos de ancho!

---

[5]Talmud de Babilonia, Sanedrín 69b.
[6]Talmud de Babilonia, Sota 35a.
[7]Midrash Tanjuma, Vayakhel 7.

Esto quería decir que el mundo físico no imponía limitaciones al Arca. Entre las alas en la parte superior del Arca, la Presencia de Dios sobre la tierra era la misma que en los cielos. En el lenguaje de la Kabalá, esto es Corona (*Keter*), un nivel espiritual donde el Creador y la creación, Infinito y finito, existen como uno.

Esto ampliamente explica por qué habían dos querubines en la parte superior del Arca. Ellos eran un punto focal de meditación que guiaba a la profecía. Al enfocar los pensamientos entre las alas de los querubines sobre el Arca, el profeta era capaz de ascender al camino del Árbol de la Vida, como dice (Génesis 3:24), "*Y Él colocó al este del Jardín del Edén a los querubines y la llama de la espada giratoria para custodiar el camino que conduce al Árbol de la Vida*". La espada en llamas es el intelecto humano que puede o bien bloquear el camino o, cuando sus pensamientos se han purificado, dar acceso al profeta al Árbol de la Vida y al estado de profecía.[8]

Y cuando Dios enviaba un mensaje profético a Moisés y a los profetas posteriores, este seguía el mismo camino, primero pasando a través de los querubines angelicales en lo alto y entonces a través de los querubines sobre el Arca. Entonces, el espacio entre las alas de los querubines era la fuente de toda la inspiración profética.

Esta "mirada" meditativa al Arca estaba sólo en el ojo de la mente del profeta pues, en realidad, mirar el Arca estaba lleno de peligros, como aprenderemos más adelante.

Todo esto es particularmente relevante para el *guer noájida*, cuyo camino espiritual es en gran medida contemplativo, porque es bien sabido que los estudiantes de la Yeshivá de Shem y Eber eran grandes profetas y meditadores.[9] Y en tanto que nos acercamos a la Redención Final, anhelamos cumplir con las palabras del profeta (Joel 3:1), "*Y sucederá que derramaré Mi espíritu sobre toda carne, y tus hijos e hijas profetizarán; tus ancianos soñarán sueños proféticos y tus varones jóvenes verán visiones*".

7.3 Crónicas del Arca de Santidad

7.3.1 Monte Sinaí

En el 51avo día después del Éxodo de Egipto,
temprano en la mañana del sexto día del campamento de Israel en el Monte Sinaí,
Dios dijo todas las palabras de los Diez Mandamientos
en la presencia de todos los Hijos de Israel.[10]

Los primeros cuarenta días en la montaña

Justo al día siguiente, el Señor le dijo a Moisés:

"*Sube a Mi en la montaña y permanece allí
y Yo te daré las tablas de piedra y la ley y el mandamiento
que he escrito para que les enseñes*".[11]

Y Moisés subió a la cima de la montaña y la nube de gloria cubrió la montaña por seis días; y en el séptimo día, Dios llamó a Moisés de en medio de la nube. Y la apariencia de la gloria del Señor era como un fuego que devora en la cima de la montaña a los ojos de los Hijos de Israel. Y Moisés ingresó a la nube y estuvo en la cima cuarenta días y cuarenta noches.[12] Y ni comió pan ni bebió agua.[13]

---

[8]Sefer Hatzeruf 2b.
[9]Génesis 10:25, Rashí; Génesis 25:22, Rashí, Rashbam; Yalkut Shimoni, Números 22. Y muchos más lugares.
[10]Éxodo 20:1; Deuteronomio 9:10.
[11]Éxodo 24:12,13.
[12]Éxodo 24:15-18.
[13]Deuteronomio 9:9.

Y cuando Él terminó de hablarle en la cima, le dió a Moisés las dos Tablas de Testimonio, tablas de piedra, escritas por el dedo de Dios.[14]

Y Hashem le dijo a Moisés, *"Ve, desciende, pues se ha corrompido tu pueblo que hiciste subir de Egipto. Se han apartado muy pronto del camino que les ordené. Han hecho para sí un becerro de oro, se han prosternado frente a él y le han ofrecido sacrificios diciendo: 'Éste es tu dios, oh Israel, que te ha hecho subir de la tierra de Egipto'".*[15]

Y Moisés se volvió y descendió de la montaña con las dos tablas de testimonio en su mano, tablas que estaban escritas en ambos lados, de un lado al otro estaban escritas. Y las tablas eran el trabajo de Dios y la escritura era la escritura de Dios, grabada sobre las tablas.[16]

Y aconteció que al acercarse al campamento vió el becerro y el baile y la ira de Moisés se encendió y arrojó las tablas de sus manos y las rompió al pié de la montaña.

Y tomó el becerro que habían hecho y lo derritió en fuego y lo transformó en polvo y lo desperdigó sobre el agua e hizo que los Hijos de Israel lo bebieran.[17]

Entonces Moisés se paró a la entrada del campamento y dijo, *"Quien esté por Hashem que venga a mí".* Y todos los hijos de Leví se aproximaron a él,[18] y él les dijo, *"Entonces dice Hashem, el Dios de Israel, cada hombre ponga su espada en su muslo y vaya de puerta en puerta en el campamento y cada hombre de muerte a su hermano y a su amigo y a su pariente [quien haya venerado al becerro]".* Y los hijos de Leví hicieron de acuerdo a las palabras de Moisés y del pueblo allí cayeron alrededor de 3000 hombres.[19]

Los segundos cuarenta días en la montaña

Al día siguiente, Moisés retornó a Hashem en la cima de la montaña para buscar perdón por el pecado del pueblo. Y se postró en oración delante de Hashem y le rogó que no destruyera al pueblo, Su heredad, sino que los perdonara y que continuara acompañándolos con Su Presencia.

Después de cuarenta días de oración, Moisés recibió el perdón de Dios y la promesa de mantener Su Presencia con el pueblo para diferenciarlo de las otras naciones de la tierra. Y Moisés descendió de la montaña.

Los terceros cuarenta días en la montaña

En ese tiempo, Dios le dijo a Moisés:[20]

"Talla para ti dos Tablas de piedra como las primeras,
y sube hacia Mí a la montaña, y haz un Arca de madera para ti.[21]
Y Yo inscribiré sobre las Tablas las palabras que había sobre las primeras Tablas que destruiste
y las colocarás en el Arca.
Entonces yo hice un Arca de madera de acacia
y tallé dos Tablas de piedra como las primeras;
luego ascendí a la montaña con las dos Tablas en mi mano.
Él inscribió sobre las Tablas, según el primer escrito,
los Diez Mandamientos que el Eterno me dijo en la montaña
de entre medio del fuego, el día de la congregación y que el Eterno me dio.
Yo me di vuelta, bajé de la montaña y coloqué las Tablas en el Arca que había hecho,

---

[14]Éxodo 31:18.
[15]Éxodo 32:7,8.
[16]Éxodo 32:15,16.
[17]Éxodo 32:19,20.
[18]Ninguno de los levitas y ninguna de las mujeres israelitas habían venerado al becerro.
[19]Éxodo 32:26-28.
[20]Deuteronomio 10:1-5.
[21]Esta es un arca temporaria hecha por Moisés para contener las Tablas hasta que el Arca permanente fuera hecha por Betzalel.

y allí permanecieron tal como había ordenado el Eterno".

Cuando Moisés descendió de la montaña con las Segundas Tablas, llamó a Aarón y a los líderes de la congregación y todos los Hijos de Israel vinieron a él; y Moisés les habló y les dijo que Dios les había perdonado.[22]
Ese día vino a ser conmemorado como Yom Kipur, el Día de la Expiación.

Construyendo el Tabernáculo
Al día siguiente, Dios le dijo a Moisés:

"Habla a los Hijos de Israel y que tomen para Mí una ofrenda,
de cada hombre cuyo corazón lo impulse a dar tomaréis Mi ofrenda.

Ésta es la ofrenda que tomaréis de ellos: oro, plata y cobre;
y lana turquesa, púrpura y carmesí; lino y pelo de cabra;
pieles de carnero teñidas de rojo, pieles de tajash, madera de acacia;
aceite para iluminación, especias para el aceite de unción y el incienso aromático;
piedras de ónix y piedras para los engarces, para el Efod y para el Pectoral.
Ellos me harán un Santuario para que pueda habitar entre ellos".[23]

Dios les había ordenado construir el Tabernáculo, un Templo móvil que debía ser la morada de la Gloria Divina, que es el Arca de la Alianza, como Él le dijo a Moisés, *"Y allí Yo me encontraré contigo y te hablaré de la parte superior de la cubierta del Arca".* Por tanto, él les ordenó que construyeran el Arca primero, porque es primera en importancia y la razón para el Tabernáculo.[24]

El Tabernáculo es completado
En el primer día del primer mes del segundo año desde la salida de Egipto,
Moisés tomó las tablas del Arca de madera que había construido
y que había sido guardada en su tienda desde que descendió de la montaña en Yom Kippur.
Y puso las tablas en el Arca de oro que Betzalel hizo.
Y puso las pértigas en los anillos del Arca y puso la cubierta sobre el Arca
y trajo el Arca al Lugar Santísimo del Tabernáculo
y puso una cortina de separación en frente del Arca.[25]
La nube cubrió la Tienda de la Reunión y la gloria del Señor llenó el Tabernáculo.
Moisés no podía entrar en la Tienda de la Reunión,
pues la nube reposaba sobre ella y la gloria del Señor colmaba el Tabernáculo.[26]
Cuando la nube se elevaba por encima del Tabernáculo,
los Hijos de Israel realizaban todos sus viajes.
Si la nube no se elevaba, no los realizaban hasta el día que subía.
Pues la nube del Señor estaba sobre el Tabernáculo de día
y el fuego estaba sobre él de noche,
ante los ojos de toda la Casa de Israel, en todos sus viajes.[27]

El tiempo total desde la Revelación sobre el Monte Sinaí hasta la completación del Tabernáculo, cuyo propósito primario era acoger al Arca de la Alianza, fue de 295 días, el valor numérico de la palabra hebrea *ratzá*, ser perdonado.

---

[22]Éxodo 34:31,32. Ibid, Rashí.
[23]Éxodo 25:1-8
[24]Éxodo 25:10, comentario del Rambán.
[25]Éxodo 40:20,21.
[26]Éxodo 40:34,35.
[27]Éxodo 40:34,35.

7.3.2 **Entrando a la Tierra**

Era un mes después de la muerte de Moisés, cuarenta años después del Éxodo de Egipto. Josué era el nuevo líder de Israel. Él y la nación entera tenían su campamento cerca de la rivera oriental del Río Jordán, esperando para entrar a la tierra. El Arca de la Alianza estaba allí con ellos en cumplimiento de la promesa de Dios a Moisés de que Su Divina Presencia continuaría morando entre el pueblo.

Dios le dice a Josué, *"Levántate y cruza este Jordán, tú y la nación entera, a la tierra que estoy dándoles a los Hijos de Israel. Este rollo de la Torá no dejará tu boca, medita en él día y noche para que te guardes de hacer todo lo que está escrito en él, porque entonces tendrás éxito en tus caminos y entonces prosperarás".*[28]

Josué envió dos hombres para espiar la tierra y Jericó, la ciudad hecha una fortaleza amurallada, que permanecía en pié al otro lado del Jordán.

Los espías vinieron a la casa de Rahab, una cortesana muy conocida. Ella era la fuente perfecta para ofrecer información a los espías. Su clientela estaba formada por príncipes y dignatarios quienes le revelaban todo. De acuerdo al Talmud,[29] Rahab era una de las cuatro mujeres más hermosas de todos los tiempos. Y ahora, Dios la ha llamado y ella responde a Su llamado al rechazar la idolatría canaanita y al abandonar su sórdida forma de vida para convertirse en la primera *Guer Tzedek* en dar la bienvenida a los Hijos de Israel cuando entraron a la tierra.

El rey de Jericó se entera que los espías han venido a la morada de Rahab y demanda que ella los delate. Pero, a riesgo de su vida, ella los esconde, diciendo a los hombres del rey que los espías acababan de salir y que si los perseguían rápidamente los alcanzarían, y ellos se apresuraron. Ahora, Dios pone su espíritu sobre ella y ella dice a los espías, *"Yo sé que el Señor les ha dado la tierra y que los corazones de todos los habitantes de la tierra se han afligido a causa de ustedes, porque el Señor su Dios es Dios arriba en los cielos y abajo en la tierra".*[30]

Sus palabras son una expresión de la promesa de Eliyá, *"Llamo a los cielos y a la tierra como testigos que cualquier individuo, hombre o mujer, judío o gentil, libre o esclavo, puede tener* Ruaj Hakodesh *(el Santo Espíritu) sobre sí. Todo depende de sus actos".*[31]

Los espías eluden a sus perseguidores y prometen a Rahab que ella y su familia serán salvados cuando los israelitas entren a la tierra para conquistarla.

Los espías regresan a Josué y le dicen, *"Dios ha entregado toda la tierra en nuestras manos y todos sus habitantes están afligidos a causa de nosotros".*

Al día siguiente, Josué movió a la nación entera, no menos de dos millones de personas, a la rivera oriental del Jordán y les dijo, *"Prepárense, pues mañana el Señor hará maravillas para ustedes".*

La mañana siguiente, los sacerdotes llevaron el Arca delante del pueblo hacia la orilla misma del río. Eran solo cinco días antes de Pascua. Durante gran parte del año, el Jordán es un humilde hilo de agua, apenas un goteo en algunos lugares. Pero las lluvias del invierno y la nieve derretida del Monte Hermón han crecido al Jordán y han provocado que inunde sus riveras, convirtiéndolo en un río de rápidas corrientes.

El Talmud[32] declara que después que todo el pueblo había cruzado, los sacerdotes que llevaban el Arca retrocedieron hacia la rivera desde la que habían partido, y las aguas regresaron a su flujo natural dejando al Arca en un lado del río a plena vista de la gente al otro lado Y entonces el Arca tomo a sus portadores y los llevó por encima del Jordán. Fue un milagro que

---

[28] Josué 1:2,8
[29] Meguilá 15a.
[30] Josué 2:9,11.
[31] Introducción a *Etz Jaim, p.18.*
[32] Sota 35a.

proclamó la gloria del Señor de la misma manera que la apertura del Mar Rojo. Y Dios mostró al pueblo que Él estaba con Josué así como había estado con Moisés.

El Mar Rojo era profundo y calmo y el Jordán era superficial y rápido, pero para Dios para quien la oscuridad es lo mismo que la luz,[33] ambos revelaban la gloria de Dios.

A la orden de Dios, Josué circuncidó a los hombres que habían nacido en el desierto. Durante su deambular, los israelitas eran temerosos de circuncidar a sus bebes por el peligro de los vientos del desierto y la incertidumbre de cuando tendrían que viajar. Pero acampados con el Arca en Guilgal justo por encima del Jordán,[34] celebraron Pascua con el cordero pascual y comieron matzá hecha con grano de la tierra. Y estaban seguros.

Pero la gloriosa entrada de Israel a la tierra no estaba completa. Había un evento espectacular que debía tener lugar - la conquista de Jericó, una ciudad con una fortaleza impenetrable, con murallas tan gruesas como altas y masivas puertas de hierro.[35] Ninguna ciudad canaanita estaba tan fortificada como Jericó. Si los israelitas podían conquistar y destruir Jericó y a su población idólatra, la promesa de Dios de dar la tierra de los canaanitas, hititas, amoritas, perizitas, jebusitas, hivitas y girgashitas a los hijos de Abraham, Isaac y Jacob comenzaría con majestad y con una muestra de poder invencible.

Dios ordenó a Josué que reuniera a 20000 soldados israelitas, seguidos de siete sacerdotes con cuernos de carnero, seguidos por el Arca de la Alianza, seguida por una retaguardia de otros 20000 guerreros israelitas. Ellos debían caminar entorno a las murallas de Jericó silenciosamente excepto por el sonido emitido por los cuernos de carnero. En cada uno de los seis días, la procesión silenciosamente marchaba una vez rodeando las murallas de Jericó con el sonido de los cuernos de carnero. En el séptimo día, dieron la vuelta a las murallas siete veces. El único sonido escuchado era el de los cuernos de carnero. Entonces, después de la séptima vuelta, Josué llamó al pueblo, *"Griten, porque el Señor les ha entregado la ciudad"*. Y toda la gente levantó la voz con un gran grito y las murallas indestructibles de Jericó colapsaron. No se volcaron sino que se hundieron en la tierra donde estaban levantadas. Y los guerreros israelitas cargaron y tomaron la ciudad.

Josué habló a los dos hombres que habían espiado la región, y les dijo, *"Vayan a la casa de Rahab y rescátenla junto a su familia y ubíquenla justo por fuera del campamento de Israel"*.

Después que Jericó fue destruida, Josué trajo a Rahab a su tienda como su esposa. Ocho profetas y sacerdotes estaban entre sus descendientes.[36] Y ella moró en medio de Israel por el resto de su vida.

El Tabernáculo fue erigido en Guilgal donde permaneció por catorce años tiempo durante el cual los israelitas conquistaron y dividieron la tierra. Y entonces ellos movieron el Tabernáculo y el Arca a Shiló. Ellos permanecieron en Shiló por 369 años.[37]

7.3.3 Eli y sus hijos

Eli fue el Sumo Sacerdote y un profeta que juzgó a Israel durante los últimos cuarenta años que el Tabernáculo estuvo en Shiló.

Trágicamente, los dos hijos de Eli, Hofni y Fineas, habían puesto en desgracia al sacerdocio al no mostrar el respeto apropiado por Dios y profanando la santidad de las ofrendas de sacrificio.[38]

---

[33] Salmo 139:12.

[34] Hay dos ciudades llamadas Guilgal, una cerca de la rivera occidental del Jordán, la otra unos 72 kilómetros hacia el occidente. Es una visión incorrecta que los israelitas milagrosamente viajaron a la distante Guilgal ese primer día, porque el versículo (Josué 4:19) declara que *"acamparon en Guilgal en la frontera oriental de Jericó"*. que está apenas a tres kilómetros hacia el occidente del Jordán.

[35] Talmud, Berajot 54b.

[36] Meguilá 14b. Rebé Judá dice que hubo un noveno descendiente de ella, la profetisa Hulda.

[37] *Mishné Torá*, Leyes del Templo 1:2.

[38] 1 Samuel 2:12, comentarios de *Radak, Ralbag*.

Y el Señor llamó a Samuel el Profeta desde el Lugar Santísimo del Tabernáculo
donde estaba el Arca.[39]
Y el Señor le dijo a Samuel, "He aquí, estoy por hacer algo en Israel que hará que se
estremezcan los oídos de quienes lo escuchen".[40]
Y los Filisteos se congregaron en contra de Israel y la batalla tuvo lugar e Israel fue vencido
delante de los Filisteos, y mataron en el campo de batalla a unos cuatro mil hombres.
Y los ancianos de Israel dijeron, "¿Por qué nos ha golpeado el Señor hoy delante de los
Filisteos? Tomemos el Arca de la Alianza del Señor de Shiló y Él vendrá en medio nuestro y nos
salvará de la mano de nuestros enemigos". Y el pueblo envió encargados a Shiló y de allí
llevaron el Arca de la Alianza del Señor de los Ejércitos Quien mora entre los querubines. Y con
el Arca de la Alianza de Dios estaban los dos hijos de Elí, Hofni y Fineas.
Y sucedió cuando el Arca de la Alianza del Señor vino al campamento, que todo Israel levantó
la voz con un gran grito y la tierra tembló. Y los Filisteos escucharon el estruendo y dijeron,
"¿Qué es ese sonido de gran grito en el campo de los hebreos?". Y supieron que el Arca del Señor
había venido al campamento. Y dijeron, "Ay de nosotros, porque no hubo nada como esto ayer
ni ningún otro día. Ay de nosotros. ¿Quién nos salvará de la mano de este Dios poderoso? Este
es el Dios que golpeó a los egipcios con todo tipo de plaga en el desierto. Fortalézcanse ustedes
y sean hombres, ustedes Filisteos, no sea que sirvan a los hebreos como ellos los han servido,
ustedes deben volverse hombres y pelear".
Y los Filisteos hicieron la guerra e Israel fue vencido y cada hombre huyó a su tienda. Esta vez
el golpe fue muy grande y cayeron de Israel teinta mil hombres de infantería. Y el Arca de Dios
fue capturada y los dos hijos de Elí, Hofni y Fineas, fueron masacrados.
Y un hombre (de la tribu) de Benjamín corrió desde el campo de batalla y vino a Shiló en ese día
con sus vestimentas rotas y tierra sobre su cabeza. Y vino y he aquí, Elí estaba sentado en una
silla esperando ansiosamente, porque su corazón estaba tribulado por el Arca de Dios. Y el
hombre había venido para contar la noticia en la ciudad y la ciudad entera lloró.
Elí escuchó el sonido del llanto y dijo, "¿Qué es este ruido confuso?".
Y el hombre se apresuró y vino a contárselo a Elí.
Ahora, Elí tenía noventa y ocho años de edad y sus ojos estaban afectados y no podía ver.
Y el hombre dijo a Elí,
"Yo soy el hombre que ha venido del campo de batalla y huí de la batalla hoy".
Y él dijo, "¿Qué pasó hijo mío?". Y aquel que había dado el reporte respondió y dijo, "Israel
huyó delante de los Filisteos y también hubo una gran masacre entre el pueblo y tus dos hijos
están muertos y el Arca de la Alianza fue capturada".
Y fue justamente cuando mencionó el Arca de Dios que él (Elí) cayó de la silla hacia atrás por
el dintel de la puerta y se rompió el cuello y murió.
Y cuando su nuera, la esposa de Hofni, escuchó las noticias del Arca, entró en labor de parto y
murió durante el alumbramiento, pero antes de morir, dijo, "la Gloria ha sido exiliada de Israel,
porque el Arca de Dios ha sido tomada".[41]
Ahora, los Filisteos tomaron el Arca de Dios y lo trajeron a la casa de Dagon (su ídolo) y lo
ubicaron junto a Dagon. Y los ashditas se levantaron temprano la siguiente mañana y he aquí
que Dagon había caído de cara a tierra delante del Arca del Señor
y ellos devolvieron al ídolo a su lugar.
Y se levantaron temprano la siguiente mañana y he aquí que Dagon había caído de cara a tierra
delante del Arca del Señor y la cabeza de Dagon y las dos palmas de sus manos fueron cortados

---

[39]Ibid. 3:4.
[40]Ibid. 3:11.
[41]1 Samuel 4:3-22.

y yacían en el umbral y sólo el cuerpo de Dagon *permanecía.*[42]

Y la mano del Señor se volvió pesada sobre los ashdoditas y los golpeó con hemorroides, a Ashdod y a aquellos en sus fronteras.

Y la gente dijo, "Que no permanezca el Arca del Dios de Israel entre nosotros, porque su mano es dura sobre nosotros y sobre Dagon, *nuestro dios".*[43]

Y trajeron el Arca del Dios de Israel a Gad. Y la mano del Señor estaba sobre la ciudad con un gran pánico y Él golpeó a la gente de la ciudad, jóvenes y viejos, con hemorroides en las partes ocultas de sus cuerpos.

Y enviaron el Arca de Dios a Ekron y los ekronitas lloraron, "Han traído el Arca del Dios de Israel para matar a nuestra gente".[44]

Y el Arca del Señor estuvo en tierra de los Filisteos siete meses y ratas infestaron el campo y consumieron las cosechas.[45]

Así que los jefes de los Filisteos hicieron una carreta de madera y lo acoplaron a dos vacas lecheras y mantuvieron apartados a sus terneros.

Y ubicaron al Arca del Señor sobre la carreta y junto a ella pusieron una caja con ofrendas de cinco figuras de oro con forma de hemorroides y cinco figuras de oro con forma de rata y expulsaron a la carreta. Y las vacas subieron directamente hasta Beth Shemesh y los jefes de los Filisteos sabían que era de parte del Señor porque vacas lecheras no dejan normalmente a sus terneros.[46]

Ahora, la gente de Beth Shemesh estaba segando la cosecha de trigo en el valle y levantaron sus ojos y vieron el Arca (descubierta) y se regocijaron de verla (porque esto significaba que había vuelto a Israel). Y la carreta había venido al campo de Josué de Beth Shemesh.[47]

Y los Levitas descargaron el Arca del Señor y la caja conteniendo los objetos de oro y ubicaron el Arca sobre una gran roca que estaba en el campo de este Josué.

Y desarmaron la madera de la carreta y ofrecieron las vacas como una ofrenda ígnea al Señor. Y Él golpeó a los hombres de Beth Shemesh porque habían contemplado el Arca del Señor, e hirió del pueblo a setenta hombres, cincuenta mil hombres, y el pueblo hizo duelo porque el Señor los había golpeado con un gran golpe.[48]

Las Rabinos del Talmud[49] ofrecen varios puntos de vista sobre lo que había hecho la gente de Beth Shemesh para merecer tan catastrófico castigo. Una opinión sostiene que continuaron el trabajo de segado y recolección de trigo en vez de parar y honrar al Arca. Otra opinión sostiene que hablaron desdeñosamente, implicando que Dios carecía el poder de evitar que el Arca sea capturada por los Filisteos. Y otra opinión indica que la gente miró dentro del Arca, que era el máximo irrespeto.

Pero si nos atenemos al simple significado del versículo, debemos concluir que Dios golpeó a la gente por ninguna otra razón que "*contemplaron el Arca del Señor*". Targum Yonatan lo traduce como "*se regocijaron y contemplaron*".

A simple vista, parecería un castigo sobredimensionado. Pero la Torá nos advierte claramente cuando el Arca viajaba durante los años en el desierto, como dice (Números 4:5,6), "*Cuando el campamento esté preparándose para moverse, Aaron y sus hijos vendrán y removerán la*

[42]1 Samuel 5:3,4.
[43]Ibid. 5:6-7
[44]Ibid. 5:10.
[45]1 Samuel 6:1, comentario del *Ralbag*.
[46]Ibid. 6:7-12.
[47]Ibid. 13,14.
[48]Ibid.6:19.
[49]Sotá 35a?

cortina[50] *y con ella cubrirán el Arca de Testimonio. Y sobre ella pondrán una cubierta de piel de tajash pondrán un paño azul sobre esto"*. Unos versículos después, dice (Números 4:20), "*Pero no ingresarán para ver cuando los objetos sagrados estén cubiertos o de otra manera morirán"*. De esto aprendemos que cuando el Arca viajaba, estaba completamente cubierta y nadie la veía. Aún a los sacerdotes que cubrían el Arca se les advertía de no mirarla o morirían.

Pero los hombres de Beth Shemesh contemplaron el Arca y la *Shejiná* que mora entre los querubines en la parte superior del Arca y pagaron por ello con sus vidas.

¿Cómo podemos entender esto? Imagine al Sol compactándose con toda su energía en un área del tamaño de un refrigerador en frente suyo a unos metros de distancia. La temperatura en la superficie del sol es diez millones de grados y veitisiete millones en su núcleo. ¿Cuánto duraría usted en la presencia de ese fuego y luz cegadora?

Ahora, imagine que la Fuente del Sol y de todas las estrellas de todas las galaxias, "*Quien habló y provocó que el universo existiera"*, compactando Su Presencia entre los querubines del Arca. Esto es lo que contemplaron los hombres de Beth Shemesh.

Podrían haber aprendido de Noaj y sus hijos. Cuando Noaj se embriagó de vino y yacía desnudo en su tienda, su hijo Ham entró y lo miró, y su descendencia fue maldecida por ello. Los otros dos hijos de Noaj, Shem y Yafet, entraron llevando una vestimenta y cubrieron a su padre con ella; "*sus rostros estaban vueltos de manera que no vieron la desnudez de su padre Noaj"*.[51] Y por su comportamiento modesto, recibieron la bendición de Noaj.

Los hombres de Beth Shemesh contemplaron la desnudez en este mundo de su Padre celestial y pagaron con sus vidas.

El Midrash nos cuenta que la gente de Beth Shemesh debería haber cerrado sus ojos tan pronto como vieron el Arca, y entonces debieron postrarse con sus rostros pegados a la tierra hasta que alguien trajera algo para cubrirla. Y entonces, el Nombre de Dios habría sido santificado en el mundo.[52] Quienquiera que aprenda del Primer Libro de Samuel entenderá esto.

7.3.4 David

Y los hombres de Beth Shemesh preguntaron, "¿Quién puede permanecer delante de Dios, este santo Dios? Y, ¿dónde irá el Arca cuando nos deje?"

Y enviaron mensajeros a los residentes de Kiriath-Yearim, diciendo, "Los Filisteos han devuelto el Arca del Señor. Desciendan y tómenla con ustedes".[53]

Y los hombres de Kiriath-Yearim vinieron y tomaron el Arca del Señor y la trajeron a la casa de Abinadab sobre la colina, y designaron a Elazar, su hijo, para cuidar el Arca del Señor. Y desde el día en que el Arca fue alojada en Kiriath-Yearim, pasaron mucho días, un perído de veinte años, durante los cuales la casa de Israel entera fue fiel al Señor.[54]

Para este tiempo, David era Rey sobre Israel, un rey cuya principal prioridad era encontrar el sitio donde el Santo Templo sería construido.[55]

David escribió (Salmos 132:4)
No daré sueño a mis ojos ni descanso a mis párpados,

---

[50]Esta es la *Parojet*, la cortina que separa el Lugar Santísimo (donde está el Arca) de la otra parte de la Tienda de Reunión.

[51]Génesis 9:23.

[52]Éxodo Rabá.

[53]La gente de Kiriath-Yearim era más temerosa de Dios y más conocedora de la Torá que los hombres de Beth Shemesh y cuidarían el Arca apropiadamente y, por tanto, con seguridad.

[54]1 Samuel 6:20,21; Ibid., 7:1,2. Kiriath-Yearim es un pueblo de Judea aproximadamente 26 km (15 mi) de Beth Shemesh y 16 km (9.5 mi) de Jerusalén.

[55]Es decir, un hogar permanente para el Arca de la Alianza, en contraste al Tabernáculo que nunca dejó de ser una resideencia temporaria.

hasta que encuentre el Lugar para Dios, una morada para el Altísimo de Jacob.

Y David hizo para sí mismo casas en la ciudad de David
y preparó un lugar para el Arca de Dios y separó una tienda para esto.[56]

Y David se levantó y fue con todo el pueblo que estaba con él, desde Baale-Judá[57] para hacer subir de allí el Arca de Dios, cuyo nombre es el Nombre del Señor de los Ejércitos Quien mora sobre sus querubines.

Si David hubiera permanecido en Hebrón, donde inicialmente se estableció su reinado, jamás habría aspirado a sacar el Arca de Kiriath-Yearim para traerla cerca de él. Pero cuando movió su trono a Jerusalén, él fue ungido por Dios en la ciudad de Dios. En Jerusalén, David se volvió el custodio del Arca, una distinción que no compartió con nadie antes de él o después de él.

Y pusieron el Arca de Dios sobre una nueva carreta
y la llevaron de la casa de Abinadab sobre la colina;
y Uzzá y Ahio,[58] los hijos de Abinadab, condujeron la nueva carreta.[59]
Y David y la casa de Israel estaban gozosos delante del Señor,
tocando toda clase de instrumentos hechos de madera de ciprés
y arpas y laúdes y tambores y tamboriles y címbalos.
Y vinieron tan lejos como Goren-Najón
y Uzzá estiró su mano hacia el Arca de Dios y la tomó para estabilizarla
porque los bueyes habían provocado que se moviera.
Y la ira de Dios se encendió contra Uzzá
y Dios lo golpeó allí por su mal proceder
y murió allí por el Arca de Dios.
Después de esto, David dijo,
"No es apropiado llevar el Arca de Dios excepto por los Levitas,
porque el Señor los eligió para llevar el Arca y servirLe para siempre".[60]

David había asumido que el Arca debía ser llevada por los Levitas sólo en la generación del Éxodo, porque esa generación estaba en un alto nivel espiritual. Pero puesto que la gente de la generación de David estaba en un nivel inferior, sentía que nadie calificaba para llevar el Arca, de manera que necesitaba ser puesta en una carreta.[61]

Y David se abstuvo de traer el Arca del Señor hacia él en la ciudad de David.
Y David la llevó a la casa de Oved-Edom el Guitita.[62]
Y el Arca del Señor moró en la casa de Oved-Edom el Guitita por tres meses,
y el Señor bendijo a Oved-Edom y a su casa.[63]
Y entonces, David removió el Arca de Dios de la casa de Oved-Edom
y la trajó a la ciudad de David con gozo.
Y David danzó con todas sus fuerzas delante del Señor
y David estaba ceñido con una túnica de lino.
Y David y toda la casa de Israel trajeron el Arca del Señor con gritos de alegría

---

[56] 1 Crónicas 15:1.
[57] Otro nombre para Kiriath-Yearim.
[58] Hermanos de Elazar, quien había sido guardián del Arca.
[59] Se presume que el Arca estaba cubierta y escondida de la vista.
[60] 1 Crónicas 15:2.
[61] Eliyahu de Vilna.
[62] Oved-Edom era un levita cuyos hijos serían designados por David como guardianes de las puertas del Templo. Véanse 1 Crónicas 26:4.
[63] Dios bendijo a Oved-Edom con ocho hijos quienes llegaron a ser sentinelas en las puertas del Templo.

y el llamado del cuerno de carnero.
Y sucedió cuando Dios ayudó a los levitas, los portadoras del Arca de la Alianza,
que sacrificaron siete bueyes y carneros.[64]

La frase, "cuando Dios ayudó a los levitas", indica que el Arca milagrosamente se llevó a sí
misma y a sus portadores como en los primeros días.[65]

Y trajeron el Arca de Dios
y la pusieron en medio de la tienda que David había separado para ella.
Y David dispuso algunos de los levitas ministeriales delante del Arca
para recordar y agradecer y alabar al Señor Dios de Israel.[66]

Es inconcecible que los Levitas permanecieran y cantaran en la presencia del Arca de
Santidad. Más bien, la tienda debería haber tenido divisiones y los levitas, a quienes se los ubicó
"delante del Arca", estaban en el otro lado de estas divisiones.

Y sucedió cuando Dios le dió descanso a David de todos sus enemigos
y permitió que morara en seguridad en su casa,
que David le dijo a Natán el profeta,
"Mira, yo moro en una casa de cedro,
pero el Arca de Dios mora dentro de las cortinas (de una tienda)".[67]

David sentía verguenza por la opulencia en la que vivía mientras el Arca de Santidad yacía
en una simple tienda.
La Palabra de Dios vino a Natán esa misma noche, diciendo que una Casa sería construída
por el Nombre de Dios, pero David no la construiría; un hijo que todavía no le nacía a David lo
construiría. Este hijo era Salomón.

Años después, David le dijo a Salomón:
"Mi hijo, estaba en mi corazón construir una Casa en el Nombre del Señor, mi Dios.
Pero la Palabra del Señor vino sobre mí, diciendo,
'has derramado mucha sangre y has hecho grandes guerras;
tú no construirás una Casa en Mi Nombre
porque has derramado mucha sangre a tierra delante de Mí.
He aquí, un hijo te nacerá;
él será un varón de paz, y le daré paz de todos sus enemigos y Salomón será su nombre,[68]
y Yo daré paz y tranquilidad a Israel en sus días.
Él construirá una Casa en Mi Nombre,
y él será para Mí como un hijo y Yo seré para él como un Padre' ".[69]

Si bien David no tenía permitido construir el Templo, hizo preparaciones extensivas para ello
antes de su muerte.[70] Cavó los cimientos del Templo, estableció a los Levitas como cantores para
alabar a Dios e hizo miles de instrumentos musicales para acompañarlos. Dividió a los *Kohanim*
en veiticuatro turnos y designó a los levitas como centinelas en las puertas del Templo. Organizó

---

[64] 1 Crónicas 15:26.
[65] Rashí.
[66] 1 Crónicas 16:1,4.
[67] 2 Samuel 7:1.
[68] Salomón en hebreo es Shlomo, que se traduce como "suya es la paz".
[69] 1 Crónicas 22:6-8.
[70] 1 Crónicas 22:2

a los jueces y a los alguaciles en divisiones funcionales. Y escribió los planos arquitectónicos del Templo que él había recibido por la mano de Dios y entregó el diseño a su hijo Salomón, incluyendo el plan del Lugar Santísimo donde el Arca de la Alianza[71] descansaría.

David le dijo a Salomón:
"En mi pobreza, preparé para la casa del Señor
cien mil talentos de oro y un millon de talentos de plata, y bronce y hierro
más allá de medida por su abundancia.
He preparado madera y piedra también, y tú podrías añadir a esto.
Y contigo están trabajadores en abundancia,
carpinteros y canteros, y hombres calificados para todo tipo de trabajo.
De oro y plata y bronce y hierro no hay límite.
Levántate y empieza el trabajo, y que el Señor esté contigo".[72]

Y entonces, David se dirigió a la nación entera, diciendo:

"Ahora dispongan sus corazones
y sus almas para buscar al Señor su Dios.
Levántense y construyan el Santuario del Señor Dios
para traer el Arca de la Alianza del Señor
y los santos jarrones de Dios
a la Casa que a de ser construída en el Nombre del Señor".[73]

Pero era sólo David quien anhelaba construir la Casa de Dios. El resto del pueblo judío no mostró interés en el Templo.[74] Y la ira de Dios se encendió en contra de la nación y Él puso la idea en la mente de David de realizar un censo del pueblo, un acto riesgoso que se sabía que causaba plagas entre la gente.[75]

Yoav, el jefe militar de David, era temeroso del peligro, pero reluctantemente obedeció la orden del rey. Él y un cuerpo de censadores contaron los números de hombres habilitados para servicio militar, aquellos entre veinte y cincuenta años de edad. La cuenta llegó a un millón trecientos mil hombres.

Y el Señor envió una pestilencia sobre Israel
desde la mañana hasta el momento señalado.[76] Y allí murieron del pueblo desde Dan hasta Beersheva setenta mil hombres.
Y el ángel de la destrucción extendió su mano sobre Jerusalén para destruirla,
pero Dios se apiadó y dijo al ángel destructor,
"Suficiente. Retira tu mano".
Y el ángel del Señor estaba junto al granero de Aravná el Jebusita.
Cuando David vió al ángel destructor entre el pueblo, dijo al Señor,
"He aquí que he pecado y he actuado con iniquidad,
pero este rebaño, ¿qué ha hecho?
Por favor, que sea Tu mano contra mí y contra la casa de mi padre".

---

[71] 1 Crónicas 22:2.
[72] Ibid. 22:14-16.
[73] Ibid. 22:19.
[74] Comentario del *Rambán* a Números 16.
[75] Hay varias explicaciones sobre por qué realizar un censo causaba plagas entre el pueblo judío. Quizás la más significativa es que numerar a la gente es un repudio a la promesa de Dios a Jacob, "*Y tu simiente será como el polvo de la tierra*", (Génesis 28:14) que va más allá del conteo.
[76] De acuerdo al Talmud (Berajot 62b) este fue un período de seis horas.

Y el Profeta Gad vino a David en ese día y le dijo,
"*Levántate y erige un altar al Señor en el granero de Aravná el Jebusita*".
Y David procedió de acuerdo a la palabra de Gad
como el Señor había ordenado.[77]

Aravna[78] el *guer*: puerta de ingreso al Templo

Y Aravna vió al rey y a sus sirvientes que venían hacia él
y se inclinó ante el rey con su rostro pegado a tierra.
Y Aravna dijo, "¿Por qué ha venido mi señor el rey a su sirviente?".
Y David dijo, "Para adquirir de tí el granero para construir un altar al Señor
para que cese la plaga que ha caido sobre el pueblo".
Y Aravna le dijo a David, "Que mi señor el rey lo tome
y ofrezca lo que le parezca bien a sus ojos.
He aquí están los bueyes para la ofrenda ígnea
y las herramientas para la trilla y arneses de los bueyes para madera de fuego".
Todo esto Aravna, el rey,[79] dió al rey.
Y Aravna dijo al rey, "Quiera el Señor tu Dios aceptarte".
Y el rey le dijo a Aravna, "No, únicamente lo compraré de ti por un precio;
así no ofreceré al Señor mi Dios ofrendas ígneas por nada".
Y David compró el granero y los bueyes por cincuenta shekels de plata.[80]
Y David construyó allí un altar al Señor
y presentó ofrendas ígneas y ofrendas de paz y clamó al Señor;
y Él le respondió con fuego
que descendió de los cielos sobre el altar sacrificial.
Y el Señor ordenó al ángel que guardar su espada en su vaina.[81]
Y David dijo, "Este es el lugar de la Casa del Señor Dios
y este es el altar para ofrendas ígneas para Israel".[82]

El encuentro de David y Aravna fue un momento decisivo en el avance del mundo. Trajo juntos a dos reyes, uno el ungido de Dios, y el otro un Jebusita. Lo que tuvo lugar entre ellos paró una plaga que tomó setenta mil vidas en menos de un día. Y fue el primer paso para construir la Casa de Dios sobre la tierra.

De hecho es difícil de entender qué estaba haciendo Aravna allí. Como un jebusita, debería haberse extinto, como Moisés dijo poco antes de que los israelitas entraran a la tierra, "*Cuando te haya llevado el Señor, tu Dios, a la que vas para poseerla, y haya echado de delante de ti a muchas naciones - al heteo, al guergueseo, al amorreo, al cananeo, al ferezeo, al heveo y al jebuseo - siete naciones más grandes y poderosas que tú, y las entregue el Señor, tu Dios, delante de tí, y las hayas derrotado: las destruirás por completo; no sellarás con ellas pacto ni les concederás gracia*".[83]

Y, sin embargo, más de cuatrocientos años después, encontramos que Aravna, el rey de los jebusitas, es el único dueño del más selecto pedazo de propiedad inmobiliaria en Israel, y Dios

---

[77]2 Samuel 24:15-19.
[78]Él es llamado Aravna en el Segundo Libro de Samuel, pero en el Primer Libro de Crónicas es llamado Ornan, una variante del nombre.
[79]Aravna era el rey Jebusita.
[80]2 Samuel 24:20-24.
[81]2 Crónicas 18:26,27.
[82]Ibid. 19:1.
[83]Deuteronomio 7:1.

lo ha elegido para ser la puerta de entrada al Santo Templo, de la misma manera en que Él había elegido a Rahab para que sea la puerta de entrada a Israel.[84]

Uno podría pensar que David podía cumplir un mandamiento positivo simplemente matando a Aravna el jubusita en el lugar y confiscando su propiedad. Pero el Talmud nos enseña que Aravna era un *guer toshav*. Por tanto, tenía permitido asentarse en la tierra y recibir respaldo material y espiritual del pueblo judío. El *Rambam*[85] lo explica conforme a la Ley Judía:

No hagas la guerra con persona alguna en el mundo
hasta que le hayas ofrecido la oportunidad de hacer la paz.
Y es igual si es una guerra de conquista o una guerra por mandato.[86]
Como está escrito (Deuteronomio 20:10),
"Cuando te acerques a una ciudad para hacer la guerra,
deberás enunciar una propuesta de paz".
Si aceptan el acuerdo de paz
y aceptan las Siete Leyes que fueron ordenadas a los Hijos de Noaj,
tu no matarás una sola alma de ellos.
Y deberán pagar tributo, como dice,[87] *"Te pagarán tributo y te servirán".*

En efecto, Aravna había cesado de existir como un jebusita y se había integrado a Israel como un *guer toshav*, un noájida residente, un compañero y hermano del pueblo judío.

Las primeras dos veces que el nombre de Aravna es mencionado en estos versículos es llamado Aravna el jebusita. Siete veces más es mencionado en estos versículos, y en cada caso él es simplemente llamado Aravna. Desde el momento en que Aravna se asocia con el Alta del Señor, deja de ser llamado jebusita. Cuando se postró sobre el piso del futuro Santo Templo en frente del Rey David, Dios elevó su alma a un lugar exaltado que nunca había alcanzado, como dice (Salmos 107:9), *"Porque Él ha saciado el alma anhelante y ha satisfecho el alma hambrienta con bondad".*

El Talmud dice que el cráneo de Aravna fue encontrado bajo el Gran Altar (*Mizbeyaj*) en el patio del Templo.

El Talmud usa lenguaje codificado y esta afirmación no se debe tomar literalmente. En primer lugar, el cráneo de Aravna estaba firmemente pegado a su cuerpo cuando se postró ante David y le ofreció el piso de su granero como una donación. En segundo lugar, no había altar en su piso de granero hasta que David construyó uno, así que difícilmente el cráneo de Aravna podría haber sido encontrado debajo de algo que no existía. Lo que el Talmud quiere decir es que Aravna trascendió su naturaleza al ofrecer libremente su granero como el lugar para construir un altar al Señor.

La palabra para cráneo usada aquí por el Talmud es *gugalta*, que en el lenguaje de la Cabalá es *keter*, Corona. Se refiere a la Divinidad que está en el alma humana. Al ayudar a David a adquirir el sitio del Monte del Templo, Aravna fue el *guer toshav* esencial, elevándose por encima de su naturaleza y afectando los mundos superiores.[88] Al ayudar a un israelita a que cumpla una *mitzvá*, el *noájida* es llevado por la *mitzvá* al Trono de Gloria.

Se nos informa del nuevo estatus elevado de Aravna, cuando Dios lo llama por su nombre y le da el poder de ver al ángel. Su nombre, Aravna, es deletreado exactamente como la palabra hebrea para el Arca de Dios, A-R-V-N-H (*Aron Hay*).

Ahora bien, ¿por qué fue elegido un granero como el sitio para la Casa de Dios? Un granero es el lugar donde el trigo es trillado o separado de la paja. Esto indica una función primaria del

---

[84]Josué, 2:1-14.
[85]Mishné Torá, Leyes de Reyes y sus Guerras, 6:1.
[86]Una guerra por mandato refiere al mandamiento de eliminar a las siete naciones canaanitas y a los amalecitas.
[87]Ibid. 20:11.
[88]La otra manera es mediante la consecución de profecía.

Templo, la remoción y eliminación de las cáscaras espirituales impuras (*kelipot*) que se pegan a sí mismas a la pureza (*tahara*) y a la santidad (*kedusha*).

David, el custodio del Arca

Como un rey envejecido, David se absorbió profundamente en el aprendizaje de la Torá y en la meditación y desvió su atención de los asuntos de estado. Esto abrió la puerta para que Absalom, uno de los hijos de David, buscara la vida de su padre para hacerse con el trono.

Y David les dijo a sus sirvientes que estaban con él en Jerusalén,
"Levántense y escapemos,
porque no abrá escape para nosotros de Absalom.
Vayan rápidamente antes que él se apresure
y nos tome y nos haga daño
y hiera la ciudad a filo de espada".[89]

Y David y sus amigos y sirvientes, arqueros, honderos, y guititas pasaron el arroyo de Kidron en su camino hacia el desierto.

Y Zadok el Sacerdote también estaba allí
y todos los levitas con él llevando el Arca de la Alianza;
y ellos asentaron el Arca de Dios
y Abiatar el Sumo Sacerdote subió a ella
(y esperó) hasta que toda la gente pasó fuera de la ciudad.
Y el rey le dijo a Zadok,
"Lleva el Arca de Dios de regreso a la ciudad;
si yo encuentro favor a los ojos del Señor, entonces Él me traerá de vuelta,
y me la mostrará y también el Lugar de Su Morada.
Pero si Él dice, 'No te deseo',
pues que Él me haga como parezca mejor a Sus ojos".
Y el rey le dijo a Zadok el sacerdote,
"Ahora, mira. Regresa a la ciudad en paz
y Ahimaatz tu hijo, y Jonatán el hijo de Abiatar, tus dos hijos, estarán contigo.
Mira, Yo esperaré en las llanuras del desierto
hasta que me lleguen noticias de tu parte".
Y Zadok y Abiatar regresaron el Arca de Dios a Jerusalén y permanecieron allí.
Y David ascendió a la cima del Monte de los Olivos
sollozando a medida que ascendía
y su cabeza estaba cubierta y sus pies descalzos
y toda la gente con él avanzaba con sus cabezas cubiertas
y sollozando a medida que ascendían.[90]

David puso su confianza en Dios antes que usar el Arca para su propio beneficio. Al hacerlo, rectificó el actastrófico error que Hofni y Fineas, los hijos de Eli, y los ancianos cometieron dos generaciones atrás cuando llevaron el Arca tomada del Tabernáculo en Shiló para ayudarlos en la batalla en contra de los Filisteos. El autosacrificio de David y su confianza suprema en Dios mostraban que él era el único digno de ser el custodio del Arca de Santidad.

---

[89] 2 Samuel 15:14.
[90] 2 Samuel 15:24-30.

7.3.5 **Salomón**

Cuando Dios le negó a David el privilegio de construir el Santo Templo, Él reveló lo profundo de Su bondad y amor por él. Al elegir a Salomón para que construya el Templo y revelárselo a David, Dios le había dado el regalo de *najas*.[91]

Es difícil traducir *najas* del hebreo. *Najas* es la combinación de orgullo, satisfacción y alivio que un padre siente cuando su hijo consigue algo. Puede ser un pequeño logro como aprender a amarrarse los cordones de los zapatos o manejar bicicleta. O puede ser un gran hecho como salvar una vida o construir la Casa de Dios. No tiene que ser un hijo. Puede ser un cónyuge o un estudiante o un amigo querido o un pariente.

Dios le había informado a David de Su decisión a través del Profeta Natán, quien le dijo, *"Cuando tus días se hayan completado y yazcas con tus padres, entonces levántare tu semilla que siga tus pasos después de ti y Yo estableceré su reino. Él construirá una Casa para Mi Nombre y estableceré el trono de su reino para siempre".*[92]

Y David fue y se sentó delante del Señor y dijo,
"¿Quién soy yo, Oh Señor Dios,
y qué es mi casa para que me hayas traído hasta acá?[93]
Y ahora, Oh Señor Dios,
la palabra que Tú has hablado sobre Tú siervo y sobre su casa,
confírmala para siempre y procede como Tú has hablado".[94]

David vivió para ver a su hijo sentarse en su trono y vestir su corona; y supo con certeza absoluta que Salomón iba a cumplir su mayor sueño, construir la Casa de Dios. Esto es *najas*.

Y Dios le dió a Salomón sabiduría y sobreabundante entendimiento
y un corazón tan amplio como la arena en la playa.
Y la sabiduría de Salomón fue más grande
que la sabiduría de todos los hijos de oriente.
Y fue más sabio que todos los hombres.[95]

La noble ambición de Salomón era dar comienzo a la Redención Final al influenciar a las naciones gentiles para que rechacen la idolatría y sigan las Siete Leyes de Noaj. Él se vió a sí mismo en el rol del Mesías. Y, técnicamente, nadie excepto Salomón sería el Mesías, el ungido, el hijo de David.

Para cumplir con su misión, Salomón ideó un plan con cuatro componentes. Tomó como esposas princesas de poderosas naciones extranjeras, esperando tener descendencia que creciera para gobernar a sus respectivos pueblos y que los guíen hacia la rectitud.

Atrajo a *guerim toshavim* para que se asentaran en la tierra de Israel, todos ellos fieles sirvientes de Dios. Para la construcción del Templo, Salomón empleó a 150.000 de estos *guerim*, como dice (2 Crónicas 2:16), *"Y Salomón contó a todos los* guerim *varones que se encontraban en la tierra de Israel después de que David los hubiera contado y fueron 153.600. Y ocupó a 70.000 de ellos para llevaran cargas y 80.000 fueron canteros en las montañas y 3600 fueron capataces para que supervisaran el trabajo".*

---

[91]*Najas* es la pronunciación ashekazi. En hebreo moderno es *najat*, pero esta es una de aquellas palabras que incluso el más combativo de los lingüistas hebreos modernos admite que puede ser pronunciado apropiadamente de esta manera. *Najat* simplemente no da a nadie *najas*.

[92]2 Samuel 7:12,13.

[93]2 Samuel 7:18

[94]Ibid. 7:25.

[95]1 Reyes 5:9-11

Y Salomón hizo una Alianza con Hiram, el venerable rey de Tiro,[96] Hiram era un monarca poderoso y justo cuyos navíos gobernaban los mares. Él estaba en un imponente nivel espiritual. Fue una de las nueve personas que de acuerdo con el Midrash entró al *Gan Edén* sin haber probado la muerte.[97]

Cuando Salomón le escribió a Hiram pidiéndole su amistad y ayuda, Hiram respondió, *"Bendito sea el Señor este día quien le ha dado a David un hijo sabio sobre su gran pueblo"*. E Hiram le dió a Salomón madera de cedro y ciprés de acuerdo a su deseo.[98]

Y, finalmente, Salomón construyó el edificio más glorioso que el mundo haya conocido. Él sabía que el Santo Templo atraería a gente de todo el mundo para que venga y vea la revelada Presencia de Dios. Dios Mismo haría el resto, como dice (Isaías 2:3), *"Y muchas naciones irán y dirán, 'Levantémonos y vayamos a la montaña del Señor, a la Casa del Dios de Jacob, y que Él nos enseñe Sus caminos e iremos en Sus sendas'"*.

"Y en el año 480 después del Éxodo de Egipto, el Rey Salomón empezó a construir la Casa del Señor".[99] Tenía dieciseis años de edad en ese tiempo.[100] Tomó siete años completar la construcción del Templo. Y entonces, Salomón puso en movimiento el proceso por el cual el mundo entero podría ser transformado en el Jardín de Edén.

"Ahora todo el trabajo que Salomón hizo para la Casa del Señor estaba completado. Y los sacerdotes trajeron el Arca de la Alianza del Señor a su lugar al Santuario de la Casa, al Lugar Santísimo".

El Lugar Santísimo era el lugar de descanso de Dios sobre la tierra. Tenía veinte codos[101] por veinte codos por veinte codos de alto. En su centro estaba la Primera Piedra. Esto es Zion, el lugar que marca la Presencia de Dios. Fue sobre esta piedra que el Arca de la Alianza fue ubicada. De acuerdo al Talmud,[102] esta piedra es el centro del mundo. La creación empezó con esta piedra y se expandió a partir de allí.

Y fue bajo esta piedra que Jacob durmió y soñó con una escalera que desde la tierra alcanzaba los cielos con ángeles de Dios ascendiendo y descendiendo por ella.

Y he aquí que el Señor estaba parado sobre él y dijo,
"Yo soy el Señor, Dios de Abraham, tu padre, y Dios de Isaac;
la tierra sobre la cual duermes
a ti te la daré y a tus descendientes".[103]
Y Jacob despertó de su sueño y dijo,
"Ciertamente, el Señor está en este lugar y yo no lo sabía".
Y tuvo temor y dijo, "Cuán impresionante es este lugar.
No es otra cosa que la Casa de Dios
y es la puerta a los cielos".[104]

Cuando el Arca fue traída al Lugar Santísimo y colocada sobre la Piedra Primera, cielo y tierra estaban en alineamiento perfecto y la *Shejiná* moraba entre Israel como un esposo mora con su esposa en su hogar.

---

[96]Líbano, el país al norte de Israel.

[97]Yalkut Shimoni, Ezekiel, capítulo 367, sección 28.

[98]1 Reyes 5:21,24.

[99]1 Reyes 6:1. 480 es la *guematría* (valor numérico) de *maasejem*, tus actos, indicando que el Santo Templo fue construido en mérito de las *mitzvot* colectivas que los israelitas hicieron desde el tiempo en que dejaron Egipto hasta ese día.

[100]*Rashí* y muchos otros. De acuerdo a Josefo él tenía dieciocho años de edad y Rabí Isaac Abarbanel sostenía que él tenía veinticuatro.

[101]Un cubo de aproximadamente 12 metros (40 pies) en largo, ancho y altura.

[102]Yoma 54b.

[103]Génesis 28:13.

[104]Ibid. 13:16,17.

Y cuando los sacerdotes que llevaban el Arca salieron del Lugar Santísimo, "*los sacerdotes no pudieron permanecer de pié para servir, porque la gloria del Señor llenaba la Casa del Señor*".

Y Salomón dijo, "*He construido la Casa para el Nombre del Señor, el Dios de Israel. Y he colocado allí el Arca que contiene la Alianza del Señor, que Él hizo con los Hijos de Israel*".

Y Salomón rezó pidiendo que Dios respondiera las oraciones de Israel cuando sean dirigidas hacia esta Casa.

Y también al *nojri* (forastero) que no es de Tu pueblo Israel,
pero que vendrá de una tierra distante
a causa de Tu gran Nombre, tu mano fuerte y tu brazo extendido,
y ellos vendrán y orarán hacia esta Casa.
Tú escucharás desde los cielos de Tu lugar de morada
y harás lo que el forastero te clame
de manera que toda la gente de la tierra pueda conocer Tu Nombre
para que Te tema como lo hace tu pueblo Israel.
Y cuando Salomón terminó de rezar,
el fuego descendió de los cielos y consumió las ofrendas ígneas y los sacrificios
y la gloria del Señor llenó la Casa.
Y los sacerdotes no podían entrar a la Casa del Señor
porque la gloria del Señor llenaba la Casa del Señor.
Y todos los Hijos de Israel vieron descender el fuego
y la gloria del Señor sobre la Casa,
y se inclinaron con sus rostros en tierra y se postraron y dijeron,
"Dar gracias al Señor porque Él es bueno
y Su misericordia es eterna".[105]

Cinco reyes habían formado una alianza para construir la Casa de Dios. Ellos fueron: Dios Mismo, David, Aravna, Salomón e Hiram.

Sólo un rey puede construir o destruir el Santo Templo porque el Templo es la esencia del Reino (*Maljut*) y sólo el Reino tiene el poder para revelar la Fuente de todo. El Primer Templo fue construido por el Rey Salomón y destruido por Nabucodonozor, rey de Babilonia. El Seguno Templo fue construido por Darío, el Rey de Persia,[106] y fue destruido por Vespasiano, el Emperador de Roma. El Tercer Templo será construido por el futuro rey de Israel, el Mesías, y nunca será destruido.[107]

Si el pueblo judío hubiera permanecido de corazón con Dios, hubieran ascendido nivel por nivel hasta alcanzar la rectificación final del pecado de Adán en el Jardín de Edén. Entonces el mundo habría abandonado su presente forma y se hubiera revestido de una nueva forma, trascendiendo todo lo que alguna vez ha existido desde el comienzo de la creación. De este nivel exaltado, no hay descenso o caída. Pero puesto que la maldad prevaleció y el pueblo pecó, el Templo que Salomón construyó permaneció por 410 años para entonces ser destruido.[108]

El pueblo había sacado ventaja de su gran prosperidad y había abusado de la misericordia de Dios[109] al traicionarLo y volverse a la idolatría, adulterio y asesinato, y fallando en permitir a la tierra que descanse durante el Año Sabático.

---

[105] 2 Crónicas 7:1-4.

[106] Herodes, el rey no-judío de Judea, reconstruyó el Segundo Templo. Su Templo es una estructura ilegal que es descrita en la Mishná y por el Rambám.

[107] Ezekiel 37:26.

[108] *Mishkanay Elyon* de Rabí Moshe Jaim Luzzato, (*Ramjal*), zy"a.

[109] Con el Templo en pié y el Arca descansando en el Lugar Santísimo, los pecados de la gente eran continuamente perdonados por la ofrendas ígneas diarias y las ofrendas de incienso (*ketoret*) del Templo. Cuando la gente dormía,

Por una generación entera la gloria de Dios fue revelada al mundo entero desde Jerusalén. El Arca de la Alianza permanecía en su lugar, el el Lugar Santísimo. La *Shejiná* estaba en Zión. Pero la permanencia del Templo y la Presencia continua de la *Shejiná* era condicional.

Dios se le apareció a Salomón y le dijo,
"Si caminas dente de Mi, como David tu padre
con todo el corazón y rectitud,
para actuar de acuerdo con todo lo que te he ordenado
y si guardas Mis estatutos y leyes,
estableceré el trono de tu reino sobre Israel para siempre
como he jurado a David tu padre, diciendo:
no faltará varón de tu descendencia en el trono de Israel.
Pero si tú y y tus hijos se apartan de Mi
y no observas Mis mandamientos y Mis estatutos que he puesto delante de ti,
sino que vas y adoras a otros dioses y te inclinas a ellos.
Entonces cortaré a Israel de la tierra que les he dado,
y esta Casa que he santificado a Mi Nombre
Yo la apartaré de Mi Presencia,
e Israel servirá como un signo de desgracia entre las naciones' ".[110]

Dios le había advertido a Israel que no se mezclara con mujeres de naciones específicas, *"porque ellas seducirán tu corazón para que vayas en pos de sus dioses"*, y a estas es que Salomón se juntó para amarlas.[111]

"Y sucedió cuando Salomón era de edad avanzada que sus esposas guiaron su corazón en pos de otros dioses y su corazón no era integro con el Señor su Dios, como el corazón de David, su padre".[112]

Salomón construyó altares a los dioses de sus esposas extranjeras, quienes ofrecieron incienso y sacrificios a sus deidades.[113]

Y Dios arrancó el reino de Salomón, dando diez tribus al reino del norte de Israel, y dejando a Salomón con dos tribus, Judá y Benjamín. Eventualmente la tribu de Leví se les unió, porque el Templo estaba en Judea. Por David, el padre de Salomón, Dios no dividió el reino hasta el primer año del reinado de Rehoboam, el hijo de Salomón.

Es difícil entender cómo al Rey Salomón, el hombre más sabio que haya vivido,[114] podía haber cometido un error tan grave por el que Israel ha sufrido por cerca de tres mil años. De esto aprendemos que la sabiduría y la rectitud son dos cosas separadas. Los enemigos más encarnados y más malvados de David fueron hombres de gran sabiduría: Ajitofel, Doeg, Shimi ben Guera, y Absalom. En el caso de David su propia rectitud no provenía de la sabiduría, sino de *devekut* (devoción) a Dios.

Entonces el Rey Salomón fue reunido con sus padres y fue enterrado en la ciudad de David. Y su hijo, Rehoboam, se sentó en el trono de David.

Jeroboam, el nuevo rey ungido de las tribus del norte, tenía temor de que sus súbditos visitaran el Templo en Jerusalén y sean impresionados como para que se acerquen a Rehoboam y asesinen a Jeroboam. Así que puso guardias armados en todo camino que guiara al Templo e

---

eran perdonados por los pecados del día anterior y cuando al día siguiente estaban pecando, eran perdonados por lo que habían hecho la noche anterior. Uno de los trece atributos de la misericordia de Dios es una paciencia longánima, pero que no dura para siempre.

[110]1 Reyes 9:4-7.
[111]Ibid. 11:2.
[112]Ibid. 11:2.
[113]Ibid. 11:8.
[114]Ibid. 3:12.

impidió que la gente viajara a Jerusalén, estableciendo su propia religión basada en el becerro de oro en Templos en Beth El y Dan.

Por la mayor parte de los siguientes trecientos años ochenta por ciento del pueblo judío tuvo prohibido venir al Templo. Tanto el Reino de Judea como el Reino de Israel estaban en un declive moral[115] que tocó fondo cuando Manasé, el decimoquinto rey de la dinastía davídica, construyó un altar a dioses ajenos en el patio del Templo y puso un ídolo en el Lugar Santísimo para reemplazar al Arca de la Alianza.

Los actos de terror maníaco de Manasé en nombre de su culto pagano fueron legendarios. Confiscó y destruyó cada rollo de Torá que encontraba y masacró a cientos de miles de judíos justos,incluyendo a su propio abuelo materno, el Profeta Isaías.[116] La sangre de los justos muertos fluyó como un río a través de Jerusalén.

Al final, el Rey Manasé se arrepintió y retornó al Dios de sus padres, pero fue muy tarde para salvar el reino. Su hijo y sucesor, Amon, trató de sobrepasar a Manasé en maldad y en actos de desafío en contra de Dios. Amon fue asesinado después de gobernar durante dos años.

Algunos dicen que Manasé puso al ídolo en el Santuario, la cámara de la Menorá, y que fue Amon quien movió al ídolo al Lugar Santísimo, reemplazando al Arca.

Los israelitas adoraron muchos dioses falsos durante ese período: la Asherá, el Baal y Molej. La Asherá era una diosa que era identificada con la reina de los cielos, la diosa de la fertilidad. El símbolo de la deidad era un árbol. El Baal incluía a un número de dioses falsos que eran adorados en la región. La gente creía que este dios era la fuente de la riqueza material. El tercer dios del panteón de ídolos era Molej, un dios amonita a quien se servía sacrificándole uno de los hijos propios, como dice, (Levítico 18:21), "Y tú no darás a nadie de tu descendencia a Molej, ni profanarás el Nombre de tu Dios, Yo soy el Señor".

El ídolo Molej era hecho de bronce en forma de una criatura que era parte humana y parte toro. En efecto, había un horno enorme con un fuego vivo quemando dentro de él. Los sacerdotes de Molej pondrían a un hijo en las manos incandescentes del ídolo y tocarían tambores para ahogar los gritos del muchacho mientras se quema hasta morir delante de los ojos de sus padres.

Podemos ver un remanente de la adoración a Molej hoy en día cuando musulmanes envían a sus hijos a autoinmolarse como bombas humanas con la absurda creencia de que serán recompensados en los cielos por su estupidez barbárica. El *Gaon*, Rabí Aaron Jaim Zimmerman, dijo, "*es puro paganismo sacrificar un ser humano a Alá. Si el Islam puede ser interpretado para que permita tal sacrificio, entonces es diametralmente opuesto al monoteísmo ético del Judaísmo. Por medio de este acto simplemente muestran cuán pequeños son y cuán pequeño han hecho a su Creador*".[117]

Después de dos años de reinado, el Rey Amon fue asesinado. Su hijo Yosiá, a la edad de ocho años, se volvió Rey de Judea. Él inmediatamente empezó a buscar al Dios de Israel. Para cuando tenía doce años había empezado a purgar la tierra de la veneración idolátrica, como dice (2 Crónicas 34:2), "*Y él hizo aquello que era correcto a los ojos del Señor y caminó en las sendas de David su padre, y no se desvió ni a derecha ni a izquierda*".

En el décimo octavo año de su reinado, el Rey Yosiá dió órdenes de restaurar la Casa del Señor. Durante el proceso, el Sumo Sacerdote Hilkiá encontró el libro original de Deuteronomio que fue escrito por la mano de Moisés.[118] Había sido escondido por temor a que Manasé o Amón lo destruyeran.

---

[115]Virtualmente todos los reyes de Israel fueron malvados a los ojos de Dios. La situación en Judea era algo diferente en tanto que un rey justo daba paso a un rey malvado quien a su vez daba lugar a un rey justo. Pero al final la traición de Judea fue incluso peor que la de Israel y el decreto de destrucción fue firmado y sellado.

[116]Talmud de Babilonia, Yebamot 49b.

[117]Torá y razón, pp.160-161.

[118]*Rashí* sobre 2 Crónicas 34:14.

Shafan el escriba leyó las palabras de la Ley al Rey Yosiá en la sección donde el rollo fue encontrado abierto. Y el versículo decía, *"El Señor te conducirá y al rey que pondrás sobre ti, a una nación que jamás conociste, ni tú ni tus antepasados, y allí trabajarás para los dioses de madera y de piedra de otros"*.[119]

El Rey Yosiá rasgó sus vestiduras en duelo y envió a Hilkiá, el Sumo Sacerdote y a otros a consultar con Hulda, la profetisa, para entender las implicaciones de encontrar la Torá abierta en esos versículos.

Hulda les dijo que significaba que Dios traería una destrucción total sobre Jerusalén y sobre el Templo debido a que el pueblo Lo había abandonado y había servido a deidades paganas. Pero debido a que Yosiá se había humillado a sí mismo, él no vería la destrucción, sino que sería reunido con sus padres en paz.

Después de escuchar estas palabras, Yosiá lanzó una campaña para limpiar a la tierra de todo vestigio de idolatría. Él apartó a los sacerdotes paganos y a aquellos que quemaban incienso al sol y la luna y las constelaciones. Dañó al ídolo Molej de manera que no pudiera ser usado para sacrificios humanos. Removió todos los templos idolátricos que los reyes de Israel habían construido y ejecutó a los sacerdotes de idolatría en el reino del norte, como está escrito (2 Reyes 23:25), *"He aquí, antes de él no hubo rey como él que regresara al Señor con todo su corazón y con toda su alma y con todas sus posesiones, de acuerdo a la plenitud de la Torá de Moisés y después de él nadie se levantó"*.

A pesar de los esfuerzos de Yosiá fue imposible revocar el decreto en contra de Jerusalén y en contra del Templo.

Finalmente, Yosiá dijo a los levitas, *"Pongan el Arca de Santidad en la Casa que Salomón el hijo de David construyó"*.[120]

Estas palabras del Segundo Libro de Crónicas son las últimas palabras escritas en las Sagradas Escrituras con respecto al Arca de la Alianza. Y desde ese día, hace más de 2600 años, el Arca de la Alianza nunca más fue vista ni comentada.

7.3.6 La búsqueda del Arca Perdida

¿Se fue y está perdida para siempre el Arca de la Alianza? O, ¿está simplemente escondida y esperando ser regresada al Lugar Santísimo del Futuro Templo? Y si está escondida, ¿dónde está escondida?

Desde que Steven Spielberg generó interés global sobre el Arca con su película, *Cazadores del Arca Perdida*,[121] nuevas teorías y cuentos de descubrimiento han aparecido como soldados griegos salidos de dientes de dragón. Prácticamente todo arqueólogo y su tío profesan conocer donde está enterrada el Arca y varios afirman que de hecho la han visto. Invariablemente, estos "arqueólogos" fracasan en desenterrar el Arca Perdida. Y con el paso del tiempo sus afirmaciones triunfalistas de descubrimiento se desvanecen.

Del Talmud

Fue dicho[122] en nombre de Rebé Eliezer el Grande: "El Arca fue al exilio con el pueblo judío a Babilonia".

Rebé Eliezer sostenía que el Arca fue llevada a Babilonia cuando los judíos fueron al exilio, y que está perdida para siempre. Él cita dos versículos para respaldar su postura.

La primera es una profecía enunciada por Isaías al Rey Hezekiá, *"He aquí, vendrá un tiempo cuando todo lo de tu palacio y todo lo que tus ancestros han guardado será llevado a Babilonia;*

---

[119]Comentario de *Rashí* sobre 2 Reyes 22:13, refiriendo a Deuteronomio 28:36,37.

[120]A pesar de los esfuerzos de Yosiá fue imposible revocar el decreto en contra de Jerusalén y el Templo.

[121]Producida por Lucasfilm, Ltd., en 1981.

[122]Estas discusiones se encuentran en el Talmud de Jerusalén, shekalim 15b y en el Talmud de Babilonia, Yoma 53b.

ninguna cosa permanecerá, dice el Señor".[123]

El Talmud explica que la "cosa" de "ninguna cosa permanecerá" se refiere al Arca de la Alianza y a las Tablas de los Diez Mandamientos contenidas dentro de ella. La palabra hebrea aquí para "cosa" es *davar*, que también significa "diciendo" y es una alusión a los Diez Mandamientos.

El segundo versículo de prueba de Rebé Eliecer es, "*Y al final del año, el Rey Nabucodonozor envió traer (al Rey Yehoiakim) a Babilonia junto con los preciosos recipientes de la Casa del Señor*".[124]

Aquí el Talmud declara, "¿*Cuál era el recipiente más precioso de la Casa del Señor? ¡El Arca!*".

De estos dos versículos, de acuerdo con Rebe Eliezer, vemos que las Escrituras nos dicen que el Arca fue llevada por el ejército babilonio y que nunca regresará.

El Talmud ofrece ahora una visión opuesta: "*Los Rabinos dicen que el Arca fue escondida bajo el Templo en la Cámara de la Leña*".[125]

Los Rabinos basan su postura en una interpretación de un versículo en el Segundo Libro de Crónicas. Después que el Rey Yosiá[126] escuchó la profecía de que Jerusalén iba a ser destruida, emitió la siguiente orden: "*Y él (el Rey Yosiá) dijo a los levitas quienes enseñaron a todo Israel y eran santos ante el Señor, 'Pongan el Arca de Santidad en la Casa que Salomón el hijo de David, el Rey de Israel, construyó'; nunca más tendrán una carga sobre sus hombros; ahora sirvan al señor su Dios y a Su pueblo Israel*".[127]

Sobre este versículo, *Rashí* comenta:

De acuerdo al significado simple,
a los levitas se les ordenó que cargaran el Arca al Lugar Santísimo del Templo de Salomón
debido a que Manasé y Amon habían removido el Arca de Santidad
y la habían reemplazado con imágenes grabadas,
como está declarado con respecto a Manasé:
"Él puso la imagen grabada que había hecho en el Templo de Dios".[128]
Por tanto, el pío Rey Yosiá ordenó que el Arca sea regresada a la cámara
que Salomón había construido para ella (el Lugar Santísimo).
Pero nuestros Rabinos dijeron que, de hecho,
él ordenó a los Levitas que la escondieran allí (bajo el Templo).

El *Radak*[129] explica adicionalmente:

Yosiá deseaba evitarle al Arca
la humillación de ser llevada a la tierra del enemigo
así que la escondió bajo el Templo.
Los Rabinos nos dicen que había una piedra en la sección occidental del Lugar Santísimo,
sobre la cual el Arca fue puesta.
Cuando Salomón construyó el Templo,

---

[123] 2 Reyes 20:17, Isaías 39:6.

[124] 2 Crónicas 36:10.

[125] La Cámara de la Leña era una cámara en la esquina noreste del Patio Exterior (el Patio de las Mujeres) del Segundo Templo. Madera que alimentaba las llamas sobre el Gran Altar Sacrificial era guardada allí.

[126] El Rey Yosiá, un descendiente directo del Rey David, gobernó hacia fines del período Primer Templo como rey de Judá del 3285 hasta el 3315 (473 - 442 AEC / 641 - 610 AEC).

[127] 2 Crónicas 35:3

[128] Ibid. 33:7.

[129] Un acrónimo de Rabí David Kimji (1160-1235), quien escribió uno de los principales comentarios sobre las Escrituras Hebreas.

él sabía que al final sería destruido.
Por tanto, construyó un escondite secreto para el Arca
profundo en los recovecos del Templo,
que fue cubierto por esa piedra.
Fue en esta cámara subterránea secreta
que el Rey Yosiá les ordenó que escondieran el Arca
junto con la vara de Aaron, el recipiente de maná,
y el aceite de ungir hecho por Moisés.

El Talmud[130] cuenta una historia para respaldar la visión de los Rabinos:

Un incidente tuvo lugar
con un cierto *Kohen* que tenía un defecto físico[131]
quien estaba ordenando y cortando madera en la Cámara de la Leña.
Y observó que una parte de la piedra el piso era diferente del resto.
Fue a contárselo a su compañero de trabajo,
"Ven y mira esta parte del piso. Es diferente del resto".
Pero antes de que pudiera terminar su oración, su alma partió.
Y ellos supieron con certeza que el Arca estaba enterrada allí

Ante un examen cuidadoso, la opinión de los Rabinos es todo menos certera. El primer problema es que la súbita muerte de un *Kohen* en la leñera no prueba con certeza que el Arca fuera enterrada allí. Podría haber sido una trombosis lo que lo mató, o un ataque al corazón. El segundo problema es que la Cámara de la Leña, bajo la cual los Rabinos dijeron que Salomón construyó su cámara secreta, estaba 200 codos (unos 100 metros) del Lugar Santísimo. Por supuesto, uno podría argumentar que lo que los Rabinos querían decir era que había un tunel bajo la piedra que guiaba a la leñera a unos 200 codos de distancia.

El tercer problema es que la leñera mencionada en el Talmud era una estructura del Segundo Templo que no existía para nada en el Primer Templo (el Templo de Salomón) cuando el Arca fue escondida.[132] Nuevamente, uno podría argumentar que los Rabinos querían decir que la cámara secreta de Salomón fue construida por debajo del área donde la leñera se erigiría en el Segundo Templo.

El cuarto problema es que el Rey Yosiá reinó quince generaciones después del Rey Salomón. Si él hubiera conocido la ubicación de la cámara subterránea secreta de Salomón, él habría tenido una tradición de casi cuatrocientos años. Pero si es así, ¿por qué no regresaron el Arca al Segundo Templo que fue construido solo setenta años después que el Primer Templo fue destruido?

Puesto que el propósito primario del Santo Templo es proveer una casa para el Arca,[133] ¿por qué construir un Templo que no cumpla con su propósito? Sólo hay una razón plausible: el Arca había desaparecido.

El quinto y último reto a la visión de los Rabinos es que el versículo declara que el Rey Yosiá les dijo a los levitas que después que llevaran el Arca a *"la Casa que Salomón construyó"*, ellos nunca más tendrían la carga de llevarla. Si él hubiera estado solicitándoles que la llevaran a la cámara secreta bajo el Templo, entonces ellos definitivamente tendrían que cargarla una vez más

---

[130] Shekalim 15b.

[131] *Kohanim* con un defecto físico no podían participar en los ervicios sacrificiales pero tenían permitido revisar la madera para el altar para asegurarse que no había gusanos en ella.

[132] *Tzurat HaBayit* por *Tosefot Yom Tov* explica que la leñera en el Segundo Templo era un diseño de la visión de Ezekiel del Templo Mesiánico. La profecía de Ezekiel fue revelada después que el Primer Templo fue destruido. Así que esta leñera no existía en el Templo de Salomón.

[133] Éxodo 25:1, comentario del *Rambán*.

cuando tuvieran el privilegio de moverla a su lugar de descanso final, el Lugar Santísimo. El único lugar donde el Rey Yosiá podría haberse referido para que no haya movimientos ulteriores es el Lugar Santísimo en sí mismo, desde el cual Nabucodonozor la tomó y la llevó a Babilonia. Basado en todo lo anterior, parecería que la opinión de Rebe Eliezer[134] es más fuerte que la de los Rabinos. Quizás es esta la razón por la que está escrito, "*Si todos los Sabios de Israel estuvieran en un lado de una balanza y Eliezer ben Hyrkanos estuviera en el otro, él pesaría más que todos*".[135]

Sin embargo, debe tenerse en cuenta que ambas opiniones están basadas en interpretaciones de versículos bíblicos. Cuando se trata de *halajá* (ley judía) la interpretación de un versículo puede determinar una legislación final. Pero cuando se trata de conocer la verdad de la historia o de la naturaleza, lo que sucedió sucedió y lo que es es, y ninguna prueba basada en una interpretación de un versículo puede ser considerada concluyente.

Por tanto, estamos forzados a decir que la discusión del Talmud nos deja con una duda con respecto a la ubicación del Arca. Podría estar escondida bajo el Monte del Templo donde la leñera se erigía en el Segundo Templo, esperando ser recuperada por Eliyá el Profeta o por el Mesías y ser regresada al Lugar Santísimo del Futuro Templo. O, podría haber sido llevada a Babilonia por Nabucodonozor y nunca se la volverá a ver. Basado en el Talmud, la elección depende del individuo sobre cuál opinión piensa que es verdadera.

La Profecía de Jeremías

Jeremías era un *Kohen* (sacerdote judío) quien profetizó durante el reinado de los últimos cinco reyes de Judea hasta la destrucción del Primer Templo.[136] Él escribió cuatro libros de las Sagradas Escrituras: el Primer y Segundo Libro de Reyes, el Libro de Jeremías, y el Libro de Lamentaciones.

Jeremías era el jefe de los profetas cuando el Rey Yosiá trajo el Arca al Lugar Santísimo del Primer Templo,[137] o de acuerdo a los Rabinos, a la cámara secreta que el Rey Salomón había construido bajo el Monte del Templo. Debido a que Jeremías fue más grande que los sabios del Talmud[138] y debido a que él estuvo en la escena cuando el Arca desapareció, su visión sobre la ubicación del Arca es la que tiene mayor autoridad.

Del Libro de Jeremías, Capítulo 3

Regresen hijos rebeldes, dice el Señor,

porque Yo los poseí,

y los tomaré, uno de una ciudad y dos de una familia, y los traeré a Zión.[139]

Y sucederá, cuando te hayas multiplicado y seas fructífero en la tierra en aquellos días,

dice el Señor,

que nunca más dirán, "el Arca de la Alianza del Señor",

ni vendrá a la mente,

ni se la mencionará, ni será recordada,

ni será hecha nuevamente.[140]

Comentario. "*nunca más dirán, 'el Arca de la Alianza del Señor'*":
el Arca faltará en el Segundo Templo y se considerará perdida.
Por tanto, será olvidada.

---

[134]de que el Arca fue llevada a Babilonia y está perdida para siempre.
[135]Pirkei Avot (Capítulos de los Padres) 2:12.
[136]Desde el año judío 3298 hasta el 3338 (circa 626 AEC hasta 586 AEC).
[137]2 Crónicas 35:3.
[138]El profeta era un sabio, pero ninguno de los sabios fue profeta.
[139]Jeremías 3:14.
[140]Ibid. 3:16.

Otra visión es que el Arca estará perdida del Segundo Templo
y también del Tercer Templo,
que quiere decir que nunca retornará.
Rashí comenta que la congregación entera será santa
y que la Shejiná morará dentro del pueblo como si fuera el Arca.

Estos versículos del Libro de Jeremías nos dejan con un dilema. Si Jeremías hubiera estado profetizando sobre la Era Mesiánica, entonces el Arca está perdida para siempre. Pero si su profecía fue sobre el período del Segundo Templo, el hecho que "ni vendrá a la mente, ni se la mencionará" no descarta su retorno en el futuro. El Segundo Templo estuvo en pié 420 años, todos ellos sin la presencia del Arca, tiempo suficiente para que un pueblo dejara de pensar o hablar sobre ella, y tiempo suficiente para olvidarse que el Arca es el lugar de descanso de Dios sobre la tierra.

En cualquier caso, Jeremías no aborda el tema de la ubicación del Arca. Para eso, tenemos que mirar en el Segundo Libro de Macabeos.

Del Segundo Libro de Macabeos, 2:4-2:10
El Profeta Jeremías, habiendo sido advertido por Dios,[141]
ordenó que el Tabernáculo y el Arca sean tomados con él
pues se dirigía a la montaña donde Moisés había ascendido para ver la heredad de Dios.[142]
Cuando Jeremías llegó allí, encontró una cueva hueca
donde él colocó el Tabernáculo y el Arca y el Altar de Oro para el Incienso,
y entonces bloqueó la entrada.[143]
Y algunos de aquellos que lo acompañaron dejaron marcas
para mostrarles el camino de regreso,[144]
pero fueron incapaces de encontrar el lugar.
Cuando Jeremías se enteró sobre lo que habían hecho, los reprendió diciendo,
"El lugar permanecerá desconocido hasta que Dios reuna a Su pueblo nuevamente
y les muestre misericordia".
"Entonces el Señor les revelará estas cosas
y la gloria del Señor aparecerá en una nube
como fue vista en los días de Moisés y como cuando Salomón consagró el Templo
con el propósito de que recibiera la santidad que merece".
"Porque está escrito que él, siendo sabio,
ofreció sacrificios de dedicación al completarse el Templo".
"Y así como cuando Moisés rezó al Señor,
descendió fuego de los cielos y consumió los sacrificios,
de esa manera fue que Salomón rezó,
y el fuego descendió desde los cielos,
y consumió las ofrendas ígneas".

Como podemos ver en términos llanos, el Segundo Libro de Macabeos nos da la ubicación exacta del Arca de la Alianza. Fue escondida en una cueva en el Monte Nebo por el Profeta Jeremías. Permanecerá allí hasta la Redención Final y el retorno de los exilios. En ese tiempo, Dios hará que el Arca retorne. Esto parecería resolver todas nuestras preguntas y dilemas.

---

[141] Dios advirtió a Jeremías sobre la eventual destrucción del Templo y de Jerusalén por parte de los babilonios.

[142] Este es el Monte Nebo, desde donde Dios le mostró a Moisés la Tierra Santa y donde Moisés fue enterrado. Véase Deuteronomio 34:1-5. La torá nos cuenta que la montaña está en Moab que hoy en día es Jordania, al este de Jericó y del Mar Muerto.

[143] Con grandes piedras que ocultaban la entrada a la cueva.

[144] De manera que pudieran regresar y retirar el Arca y los otros objetos.

El problema aquí es que los Rabinos rechazan la confiabilidad de tales textos apócrifos[145] como el Segundo Libro de los Macabeos. En la Mishná,[146] se menciona que Rabí Akiva mencionaba que quien lee "libros externos" no tiene lugar en el Mundo por Venir. En tanto que no es explícitamente conocido a qué se refería Rabí Akiva por "libros externos", la visión aceptada es que se refería a textos cuasi-canónicos como el Segundo Libro de Macabeos. Estos libros no fueron incluidos en las Sagradas Escrituras y eran considerados como que no fueron escritos por profecía o inspiración divina (*ruaj hakodesh*).

Rabí Menajem Meiri (1249 - 1301), en su comentario sobre el Talmud, escribió que la prohibición de Rabí Akiva en contra de leer "libros externos" solo se aplica a alguien que busca seguir sus propios caminos y apartarse de la tradición judía establecida. Pero leerlos simplemente para ganar entendimiento es completamente permisible.

Así que ¿con qué nos quedamos? Nada cavado en piedra. Queda a criterio del individuo elegir para sí mismo. Muchos eruditos creen que el Arca está escondida bajo el Monte del Templo. Otros dicen que se fue y se perdió para siempre.

La pregunta permanece: ¿qué acción puede algo de esto inspirar en nosotros? El Profeta Jeremías declaró que el Arca sería olvidada y, de acuerdo a *Rashí* el pueblo se volverá el Arca.[147] Para concretar esto, debemos aprender el diseño del Arca, su historia y significado, meditar sobre el lugar entre las alas de los querubines, y enfocar nuestra energía sobre las dos tablas de los Diez Mandamientos, la carga preciosa del Arca de la Alianza.

Números 10:35,36
Cuando el Arca era trasladada, Moisés decía,
*"Levántate, oh Señor, y que Tus enemigos se dispersen,
que aquellos que te odian huyan de tu Presencia".*
Y cuando se posaba, decía,
*"Reside tranquilamente, oh Señor,
entre las miríadas de millares de Israel".*

---

[145]Los Apocrifa o. más adecuadamente los Pseudepigrafa, son escrituras Judías extracanónicas escritas aproximadamente entre el 200 AEC y 200 EC, y generalmente pretendían ser Escrituras Santas, pero cuya autoría, con pocas excepciones, es o bien desconocida o falsamente adjudicadas a hombres de gran renombre como Daniel o Ezra. Estos libros, tales como los dos libros de los Macabeos, ciertamente tienen valor ético y espiritual, pero se dice que quedan fuera de la auténtica tradición de Sinaí.

[146]Sanedrín 10:1.

[147]De acuerdo al comentario de *Rashí*.

8. Las Leyes Dietéticas Judías

La prohibición en contra de comer el miembro de un animal vivo es una de las Siete Leyes de los Hijos de Noaj. Para detalles sobre este mandamiento, vea *El Camino del Gentil Justo*, capítulo diez. Está escrito allí que la letra sirve solamente como un punto de partida que garantiza el favor de Dios y asegura la moralidad humana. Pero si un hombre desea desarrollar más su potencial intelectual y espiritual, debe sacar provecho de la "dimensión interior". de la doctrina noájida, a través de la cual se dará cuenta de la grandeza de su alma.

Entonces, evitar comer el miembro de un animal vivo simplemente abre el portal al refinamiento del intelecto y de las emociones, que un hombre puede alcanzar a través de sus hábitos alimenticios y al practicar la benevolencia hacia las criaturas de Dios. Con esto en mente, es apropiado que *B'nai Noaj* aprenda los rudimentos del *Kashrut*, las Leyes Dietéticas Judías.

8.1 Alimentación correcta para toda la humanidad

Está escrito en el *Ben Ish Jai*,[1] Génesis 3

Puesto que el pecado de Adán y Eva aconteció a través de la alimentación,
la rectificación primaria de la humanidad vendrá a través de la alimentación.
Esto es similar al principio para volver kosher ollas y sartenes, o platos y copas,
que se volvieron no-kosher por entrar en contacto con comida prohibida.
El principio es: como fue absorbido, así será expulsado.[2]
El alma del hombre absorvió *zuhama* (inmundicia espiritual) al comer el fruto prohibido.
Entonces la *zuhama* sera expulsada
por medio de alimentarse de una manera permisible, santificada y espiritual.
Por tanto, el *yetzer hara* (mala inclinación del hombre)
y el satán y el *najash* (serpiente primera) que son todos uno,
provoca y presenta batalla a la persona con asuntos de consumo de comida.
Y así, una persona debe purificarse y santificarse a sí misma por la forma en que come,

---

[1] *Ben Ish Jai*, Génesis 3. Rabí Yosef Jaim de Bagdad, 1832-1909.
[2] Talmud de Babilonia, Pesajim 30b. Si comida prohibida fue absorvida por las paredes de una olla por hervir, e.g., sopa de pollo no-kosher, la olla debe ser lavada y escurrida para entonces hervir agua en ella. Al hervir, el agua saca los contaminantes de las paredes de la olla. Si comida prohibida fue absorvida al alcanzar una mayor temperatura, la olla debe someterse a fuego directo, una flama o brasas ardientes. Hay otras maneras de hacer kosher a los enseres de cocina, pero esta es la regla general.

por ejemplo, con *berajot* (bendiciones) recitadas con plena concentración,
y teniendo cuidado que la comida no se eche a perder
por sustancias prohibidas como gusanos o insectos
o la presencia de aún la más pequeña cantidad de tipos prohibidos de animales, aves y peces,
o *nevelá*,[3] o *traifá*[4]
o mezclas prohibidas como carne y leche.
La comida que uno consume no puede haber sido robada o adquirida deshonestamente.
Más aún, uno debería ser cuidadoso en conducirse a sí mismo con refinamiento en la mesa
diciendo palabras de Torá y evitando el chisme y la glotonería
y el abuso de alcohol y expresar ira y un rigor áspero,
porque la alimentación apropiada es el fundamento de la purificación y de la santidad
por medio de las cuales una persona sirve a su Creador.

Para el tiempo del Éxodo de Egipto, los Hijos de Israel recibieron el mandamiento de santificarse a través de la alimentación, como dice (Éxodo 12:8), "*Y esta noche ellos comerán la carne del cordero pascual, asado al fuego, con matzot y maror (hierbas amargas) lo comerán*".

Los israelitas comieron matzá[5] a lo largo de toda la festividad de Pascua mientras viajaron al Desierto, como dice (Éxodo 12:15), "*Durante siete días comeréis matzot, pero el día anterior (al primero de los siete días) anularéis la levadura de vuestros hogares; pues todo el que coma alimentos leudados,[6] esa alma será cortada de Israel, desde el primer día hasta el séptimo día*".

A Adán se le había ordenado no comer del fruto del Árbol del Conocimiento del Bien y del Mal. A Noaj se le había ordenado no comer el miembro de un animal vivo.[7] Pero la preparación para abandonar Egipto involucraba la primera vez en que Dios emitía un mandamiento positivo de comer un tipo específico de comida como un servicio hacia Él. Comer matzá era la primera de dos etapas de una rectificación del comer del fruto prohibido.

La matzá que los judíos trajeron consigo desde Egipto duró un mes y entonces se echó a perder. La mañana siguiente, empezó la segunda etapa. Maná cayó de los cielos.

Maná era una comida milagrosa, celestial, perfecta. Tenía apenas la sustancia suficiente para evitar que flotara de vuelta a los cielos, pero no más que eso, como dice (Éxodo 16:14), "*La capa de rocío ascendió y he aquí que sobre la superficie del desierto había expuesto algo delgado como la escarcha sobre el suelo*".

El Maná es descrito como pequeñas bolitas redondas como semillas de cilantro, pero de color blanco, y que era como *wafer* de miel. Cada persona comía un *omer* de maná cada día. Esto está estimado en 2.1 litros o 2.2 cuartos de galón de maná por día.

El Maná no producía excremento o despedicio corporal de clase alguna. Durante diecinueve dias el pueblo comió maná,[8] purificando y santificando sus cuerpos con esta comida de los cielos. Para el día vigésimo, la *zuhama* había sido completamente expulsada. Todo la gente había sido sanada de toda enfermedad o herida. Los ciegos podían ver y los cojos podían caminar erguidos. Habían sido elevados por encima del pecado de comer del Árbol del Conocimiento del bien y el mal. La muerte no tenía poder sobre ellos.

---

[3] Animales o aves que murieron por sí mismos o que fueron sacrificados de forma inapropiada.

[4] Animales o aves que estaban enfermos o heridos de una manera que los transformaba en no-kosher.

[5] Matzá está hecha únicamente de arina y agua, amasada y laminada, y entonces horneada antes de que tenga tiempo de expandirse. Es el pan humilde comido por los pobres y ha llegado a conocerse como el pan de la fe.

[6] La palabra hebrea para levadura es *jametz*, que quiere decir amargo, una palabra cercanamente relacionada con *jometz*, vinagre.

[7] Génesis 9:3-4, "*Todo ser que se mueve, que vive, será alimento para vosotros; como las hierbas verdes, os he entregado todo. Pero de la carne, con su alma, su sangre, no comeréis*".

[8] Desde el 16to día del mes hebreo de Iyar hasta el 5to día de Siván, el día previo a que Dios entregara los Diez Mandamientos. 19 es el valor numérico de *Java* (Eva).

Ese día escucharon la voz de Dios enunciar los Diez Mandamientos desde la cima del Monte Sinaí. Se habían vuelto un pueblo santo y una nación de sacerdotes quienes estaban destinados a vivir para siempre.

La mañana siguiente, Moisés ascendió al Monte Sinaí para recibir las Tablas de los Diez Mandamientos, que sellarían la alianza entre Dios e Israel. De acuerdo al *Zohar*, estas Tablas de la Alianza fueron escritas por el dedo de Dios sobre tablas de piedra de origen divino. Estas provenían del *Etz Jaim*, el Árbol de Vida. Si las Primeras Tablas hubieran sido recibidas y aceptadas, los Hijos de Israel hubieran vivido para siempre. Pero con Moisés fuera de vista, los esclavos recién liberados perdieron la senda y veneraron al becerro de oro, y las Tablas de la Alianza fueron rotas.

Moisés rogó a Dios que perdonara al pueblo, y Él lo hizo. Pero los Hijos de Israel habían desperdiciado el regalo de máxima pureza y santidad y la *zuhama* una vez más empezó a fluir a través de sus cuerpos. Aún a pesar de que comerían maná durante cuarenta años en el desierto, eran mortales una vez más. Entonces empezó la lenta marcha hacia la Redención Final y hacia la llegada del Mesías cuando la *zuhama* se desvanecerá para siempre, como dice (Zacarías 13:1-2), "*En ese día, un retoño brotará para la Casa de David y para los habitantes de Jerusalén, para la limpieza y purificación... y al espíritu de impureza Yo lo removeré de la tierra*".

Mientras tanto, dos nuevas tablas habían sido sacadas de la tierra por Moisés y llevadas a la cima del Monte Sinaí. El dedo de Dios escribió sobre ellas las mismas palabras que habían sido escritas en las Primeras Tablas, que eran las palabras de los Diez Mandamientos que Dios había enunciado al pueblo entero.

El *Zohar*[9] nos cuenta que las segundas tablas eran un consuelo. Las palabras todavía provenían del Árbol de la Vida, pero ahora debían ser filtradas a través del *Etz HaDaat*, el Árbol del Conocimiento. Ahora teníamos que asentar el conocimiento de cómo escoger entre lo bueno y lo malo. Esto incluía el conocimiento de cómo comer correctamente para mantenernos saludables física y espiritualmente y prolongar nuestras vidas y las vidas de nuestros hijos.

Salud óptima

Las leyes dietéticas judías garantizan bienestar físico y espiritual a lo largo de la vida de una persona. Quien está enfermo o con dolor físico no puede servir apropiadamente a Dios o cuidar su propia alma.

Esto es especialmente cierto si la persona está, Dios no lo permita, crónicamente enferma o si ha sufrido un dolor de larga duración. Por tanto, mantener una excelente salud es una parte integral de las leyes dietéticas judías.

Ochocientos años atrás, el Rambam[10] esquematizó principios básicos de dieta en relación con una vida sana que constituyen una gran sabiduría aún hoy en día.

Adaptado de la Mishné Torá

El principio general[11] es que una persona debería ser moderada en todas las cosas hasta que alcance y mantenga el camino del medio.[12] Esto es lo a lo que se refería el Rey Salomón cuando escribió, "*Mide el camino de tus pies y todas tus sendas serán establecidas*", (Proverbios 4:26).

Una persona podría decir, "Puesto que la envidia, la lujuria y el honor son malas cosas del mundo que destruyen a una persona, me aislaré de ellos y seguiré el extremo opuesto. No comeré carne ni beberé vino, ni tomaré esposa, ni viviré en una casa bonita. No vestiré ropa fina. En su

---

[9]Zohar, Bereshit 26b.

[10]Un acróstico de Rabí Moshe ben Maimon (1135 - 1204), el gran erudito del Talmud, filósofo y médico.

[11]La *Mishné Torá* es la obra maestra del Rambam. Estas selecciones fueron tomadas de la *Mishné Torá*, Libro de Conocimiento, Reglas de Conducta, capítulos 3, 4 y 5.

[12]El camino del medio es el camino de poder sobre el cual es más probable que uno tenga éxito en todos los emprendimientos.

lugar, vestiré harapos y lana gruesa y conduciré mi vida de la manera en que los sacerdotes de religiones ajenas lo hacen".

Este es un camino errado y está prohibido caminar en él. Quienquiera que camina este camino es considerado un pecador, como dice acerca del nazareo,[13] "Si un nazareo quien simplemente se abstiene del vino requiere una ofrenda de pecador, entonces una persona que se abstiene de todo ciertamente la requiere. ¿No son las prohibiciones de la Torá suficientes como para que tú mismo te niegues cosas permitidas?".

Esta regla general incluye a una persona quien se mata de hambre a sí misma mediante ayunos frecuentes. Acerca del asceticismo extremo, el Rey Salomón escribió (Eclesiastés 7:16), *"No seas tan justo o excesivamente prudente; ¿por qué desolarte a ti mismo?".*[14]

Más bien, una persona debería enfocar su corazón y acciones en incrementar su conocimiento de Dios. Y esto debería determinar la manera en que se acuesta, se levanta y habla. De la misma manera, no debería comer o beber solo por placer, sino con el propósito de mantener un cuerpo sano. Por tanto, no debería comer para satisfacer sus impulsos como un perro o un burro, sino comer alimentos que sean beneficiosos para la salud del cuerpo, independiente si la comida es amarga o dulce.

Una persona debería mantenerse alejado de comida que es deliciosa pero dañina. Por ejemplo, alguien con alta temperatura no debería comer carne o azúcar, ni debería beber vino, como el Rey Salomón advirtió (Proverbios 25:27), *"Comer demasiada miel*[15] *no es bueno; en su lugar busca el honor de aquellas cosas que merecen honor".* Más bien debería beber jugo de escarola aún si su sabor es amargo, y debería comer y beber únicamente por el valor nutricional con el propósito de estar sano y completo, puesto que es imposible que una persona viva sin comer ni beber.

Sin embargo, aún si una persona sigue las reglas de la sabiduría médica, pero procede así simplemente para alcanzar un cuerpo saludable por sí mismo, está en el camino errado. Más bien, debería edificar el cuerpo entero y fuerte de manera que esta alma esté derecha y en condiciones de conocer a Dios, porque es imposible meditar o contemplar sabiduría si uno está hambriento o enfermo o sufriendo con dolor.

Al respecto, nuestros sabios han dicho, *"Que tus actos sean por causa de los Cielos".*[16] Y el Rey Salomón declaró en su sabiduría (Proverbios 3:6), *"Reconoce al Señor en todos tus caminos y Él enderezará tus sendas".*

Mantener un cuerpo saludable y entero es un aspecto de la senda de Dios, porque una persona no puede entender o adquirir conocimiento del Creador si está enfermo. Por tanto, una persona debería distanciarse a sí misma de cosas que dañan el cuerpo y acostumbrarse a una alimentación sana.

1. Uno no debería comer tanto como para que su estómago esté completamente lleno, sino que debería parar cuando sienta que ha alcando las tres cuartas partes.

2. No debería beber agua durante la comida, excepto quizás una pequeña cantidad, y en este caso debería estar mezclada con vino.[17] Cuando la comida ha empezado el proceso digestivo, uno podría beber lo que necesite, pero nunca debería beber grandes cantidades

---

[13]Un nazareo se abstiene de beber vino, cortar su cabello y de cualquier contacto con una persona muerta por un período de tiempo estipulado. Después de que el nazareo termina el tiempo estipulado, trae varias ofrendas al Santo Templo, incluyendo una ofrenda de pecador, como aprendemos en Números 6:14.

[14]Un ascético no puede alcanzar su potencial y contribuye poco o nada a la sociedad.

[15]Cuando las Escrituras usan el término miel, quiere decir azúcar de caña o dátiles o miel de higo.

[16]Capítulos de los Padres 2:15. Dios es referido a veces como Cielos en la literatura rabínica.

[17]Es posible que el agua en el Medio Oriente durante comienzos del siglo 13 no fuera pura como no lo es en muchas partes del mundo hoy en día; esta es una de las razones por las que el té es la bebida del oriente - porque el agua hervida es más saludable. También, hoy en día el vino rojo bebido con moderación es visto hoy en día por los nutricionistas como muy benéfico para el sistema arterial del cuerpo.

de agua, ni después de que la comida haya sido completamente digerida.

3. Uno debería comer antes de que esté seguro si necesita o no hacer sus necesidades biológicas. Si siente la más mínima necesidad, debe atenderla.

4. Uno no debería comer hasta después de que haya realizado una caminata para calentar el cuerpo o haya hecho algún tipo de ejercicio físico para abrigar el cuerpo en la mañana. Entonces debería descansar un momento para asentar el cuerpo, y entonces comer. Bañarse en agua caliente después de hacer ejercicio es bueno, después de lo cual debería beber un poco y entonces comer.

5. Una persona debería comer siempre sentado o inclinado hacia su lado izquierdo. No debería comer mientras camina o cabalga (un caballo) o mientras hace ejercicio o cuando el cuerpo está bajo esfuerzo. No debería tomar una caminata hasta que su comida esté digerida al menos parcialmente. Quien hace una caminata o hace ejercicio exigente justo después de comer se afecta seriamente.

6. Una persona no debería ir a dormir por la noche inmediatamente después de haber comido, sino que debería esperar entre tres y cuatro horas. No debería hacer de las horas de luz el tiempo de dormir.[18]

7. Comidas que aflojan los intestinos, como uvas, higos, moras, peras, melones, pepinos pelados o similares deberían ser comidos como un aperitivo de la comida. Debería esperar brevemente hasta que estas comidas hayan dejado el estómago superior, y entonces abordar la comida.

8. Comidas que son astringentes, como granadas, membrillos y manzanas, deberían ser consumidas escasamente después de la comida.

9. Una persona que elige comer carne de aves de corral y carne roja en una misma comida, debería comer la carne de ave primero. De forma similar, si come huevos y carne de ave, debe comer los huevos primero. Y la carne roja de animales pequeños (e.g. cordero) debe ser consumida antes que la carne de animales grandes (carne de res). Como una regla, la comida ligera debe preceder a la comida pesada.[19]

10. Durante el verano, uno debería comer comidas frías que estén ligeramente condimentadas y usar vinagre. En la estación lluviosa, consumir comida caliente que esté fuertemente condimentada, y mostaza y asa fétida.[20] Este principio es aplicable a lugares con climas fríos o calientes, ajustando la dieta para que se acople al clima.

11. Hay comidas que son extremadamente dañinas y que nunca deberían ser consumidas, por ejemplo, grandes peces que son salados y envejecidos,[21] queso salado y maduro, carne salada envejecida, vino sacado directamente de la presa, comida cocinada que ha estado asentada y huele mal[22] o que ha empezado a tener un sabor amargo.[23] Todos estos alimentos son como veneno para el cuerpo.[24]

12. Estas otras comidas son menos dañinas que las de la lista anterior, pero tampoco son re-

---

[18]Esto no niega el valor de una siesta durante el día.

[19]La cuestión de comer carne será discutida después. Basta decir aquí que la tradición judía definitivamente incluye comer carne como se evidencia de esta exposición del *Rambam*.

[20]Una planta sabrosa nativa de la India. Ayuda a la digestión y a evitar flatulencias. Tiene un sabor fuerte y es usada preferiblemente solo cuando está cocinada. Es probable que las cebollas, puerro y ajo se incluyan aquí.

[21]Es posible que el pescado fuera slado para preservarlo en el tiempo del *Rambam*.

[22]La regla de oro es que si tienes la más mínima duda sobre la seguridad de la comida, apártate de ella. Preferible errar echando comida demasiado pronto que consumir alimentos nocivos.

[23]Esto quiere decir un sabor malo o amargo como resultado de comida que se ha echado a perder, y no se refiere a comida cuyo sabor normal es amargo como escarola o dientes de león.

[24]Hemos omitido los hongos de la lista del *Rambam* incluir en su lista. Presumimos que los hongos fueron incluidos porque, en esos días, eran principalmente recogidos de forma silvestre y algunas variedades comunes eran venenosas. Los nutricionistas modernos incluyen a los hongos entre las comidas más saludables, particularmente las variedades orientales como el hongo shiitake.

comendables excepto cuando son consumidas en pequeñas cantidades e infrecuentemente. Estos son grandes peces,[25] queso fresco y otros productos lácteos que han estado a la intemperie por más de 24 horas, carne dura de buey y cabríos, habas, pan de cebada y matzá.[26]

13. Hay comidas que todavía son dañinas, pero menos que las del punto anterior, como aves acuáticas, pichones, dátiles, pan frito en aceite o amasado con aceite, arina altamente procesada, salsa o pescado en salmuera.[27] Estas deberían ser consumidas esporádicamente. Quien es sabio y controla sus impulsos y evita estas comidas, a menos que tenga razones médicas para ingerirlas, es un alma poderosa.

14. No debería comer demasiada fruta, ni siquiera seca y especialmente cuando está fresca. La fruta no madurar es como espada para el cuerpo. La algarroba siempre es mala.[28] Fruta que ha sido preservada mediante vinagre es problemática y debería ser consumida esporádicamente y sólo en el verano y en climas cálidos. Higos, uvas y almendras son siempre buenas, ya sea que estén frescas o secas, y una persona puede comer de ellas tanto como lo desée, pero no debe probar bocadillos de ellas contantemente a pesar de las mejores frutas.

15. Miel[29] y vino son dañinos para los niños y saludables para los ancianos. Esto se aplica particularmente a las estaciones lluviosas. Como una regla, en el verano uno debería comer dos terceras partes de lo que come en invierno.

16. Una persona debería intentar siempre tener intestinos flojos, aún tendiendo ligeramente a la diarrea. Este es un principio básico de la buena salud: el estreñimiento y los movimientos de un intestino duro traerán serias enfermedades a la persona. ¿Qué puede hacer uno para aliviar el estreñimiento? Debería comer ricos alimentos verdes, como la espinaca, bien cocinada y sazonada con aceite de oliva. Si es anciano, puede beber miel en agua caliente en la mañana y esperar cuatro horas antes de tomar el desayuno y hacer esto cada día hasta que la situación mejore.

17. Los sabios han enseñado otro principio básico para la buena salud: en tanto que una persona haga ejercicio con esfuerzo o coma en exceso y sus intestinos estén blandos, no se enfermará y se fortalecerá, aún si come comida dañina. Pero quien es sedentario y no hace ejercicio o retiene antes que ir al baño rápidamente cuando siente la urgencia, o está estriñido regularmente, aún si come comida saludable y tiene cuidado de sí mismo desde una perspectiva nutricional, sufrirá constantemente dolor y se debilitará.

18. Comer en exceso es como veneno para el cuerpo y es la causa principal de todas las enfermedades. La mayoría de las enfermedades le vienen a la persona por consumir comidas dañinas o por comer en exceso, aún si la comida es saludable. Es como el Rey Salomón dijo en su sabiduría (Proverbios 21:23), "*Una persona que guarda su boca y su lengua, guarda su alma del sufrimiento*". Esto quiere decir que guarda su boca de

---

[25] Algunos peces grandes son saludables. Otros son peligrosos porque están al final de la cadena alimenticia marina. Hoy en día, muchos peces grandes de hecho venenosos debido a los desperdicios tóxicos que se encuentran en ellos.

[26] Aparentemente el *Rambam* quiere que evitemos la matzá como una comida habitual porque está hecha de arina blanca y puede permanecer por meses lo que puede ser problemático. Rechaza varios vegetales que los nutricionistas consideran bastante saludables - lentejas, garbanzos, repollo, puerros, cebollas, ajo y rábanos. Hemos evitado la inclusión de estos. El *Rambam* derivó la mayoría de las comidas de su lista a partir del Talmud, y sabemos que la naturaleza de muchos vegetales ha cambiado desde tiempos talmúdicos (hace 1500 - 2000 años). Por ejemplo, el Talmud nos dice que las zanahorias son tan leñosas que es imposible comer una cruda.

[27] Parecería que la característica que comparten estas comidas es la riqueza de calorías. Aves acuáticas, patos y ganzos son extremadamente grasos, como lo son los pichones, etc. Y hoy en día sabemos que el azúcar, arina blanca procesada y salsas ricas son dañinas para el sistema circulatorio.

[28] Se debe señalar que de acuerdo con el pensamiento contemporáneo, la algarroba trae mucho beneficios para la salud. Provoca, sin embargo, estreñimiento que el *Rambam* considera extemadamente problemático.

[29] Esto aparentemente se refiere a miel de abeja que puede ser peligrosa para bebes e infantes.

consumir comidas dañinas o comer en exceso, y guarda su lengua de hablar palabras innecesarias.

*   *   *   *

Las 32 comidas más saludables

Un consenso de los nutricionistas contemporáneos enlista las siguientes como las 32 comidas más sanas: almendras, manzanas, aguacates, plátanos, remolachas, frijoles negros, arándanos, pan integral, brócoli, coles de bruselas, trigo hervido, semillas de chia, chocolate negro, berenjena, semillas de lino, col rizada, frijoles, lentejas, carne roja magra, leche descremada, avena cortada, aceite de oliva extra virgen, calabaza, quinua, salmón salvaje, espinaca, papas dulces, tomates, atún, nueces, vino rojo, yogurt libre de grasa.

Muchos nutricionistas ponen al té verde, particularmente, si tiene un poco de limón, al inicio de la lista.

Si una persona hace de esta lista su principal fuente de alimentación, sigue los lineamientos del *Rambam*, no come en exceso, y hace ejercicio regularmente (una caminata de 30 minutos a paso ligero al menos cuatro veces a la semana es suficiente), permanecerá saludable por el resto de su vida.[30]

8.2 Leyes dietéticas

Razones para las Leyes Dietéticas

En tanto que una salud óptima es un beneficio de las leyes dietéticas, no es la razón principal por la que nos fueron entregadas.

En sus escritos alegóricos, Filo[31] sostenía que las leyes dietéticas fueron entregadas para despertar pensamientos puros, elevar la conciencia, y refinar el carácter de una persona.

Al seguir las leyes dietéticas judías, una persona adquiere las herramientas para tomar control de su naturaleza animal. Recibe un gentil pero continuo recordatorio de que hay un aspecto espiritual en cada acto físico de comer.

Al final, es la Torá misma que nos da la razón principal para las leyes dietéticas. Después de delinear cuáles animales, peces e insectos son kosher y cuáles no, Dios dice (Levítico 11:44), *"Porque Yo soy el Señor tu Dios; santifíquense a sí mismos y sean santos porque yo soy santo"*.

La Torá nos dice que nos santifiquemos a nosotros mismos y lleguemos a la santidad porque Dios es santo y Él desea que Lo emulemos lo mejor que podamos, como dice (Proverbios 3:6), *"Reconoce al señor en todos tus caminos y Él enderezará tus sendas"*. Para este propósito, nos han sido entregadas las leyes dietéticas judías. Una vez que se guarda sintonía con esta forma de alimentación, una persona se convierte en un recipiente kosher para la Luz Divina, como dice (Salmos 82:6), *"Les dije que son ángeles y todos ustedes son Hijos del Altísimo"*.

Guardando Kosher: los rudimentos

La alimentación correcta es indispensable para tener éxito en el refinamiento personal. Desde una perspectiva judía, es imposible comer correctamente sin guardar kosher.

Guardar kosher puede ser simple o complejo. Una persona puede seguir unos cuantos principios básicos y estar satisfecha con ello. O, puede hacer el estudio y observancia de las leyes dietéticas de la Torá un trabajo de una vida entera. Puesto que este libro está escrito principalmente para la edificación de noájidas, limitaremos nuestra discusión a unos cuantos principios básicos para guardar kosher.

---

[30] El *Rambam* añade la siguiente advertencia: a menos que la persona ya se haya dañado a sí misma.

[31] Filo de Alexandría (20 AEC - 50 EC), un filósofo y noble judío que habló en nombre de la comunidad de Alexandría en la corte romana de Calígula.

Las leyes dietéticas judías que han sido conocidas como "guardar kosher" son un conjunto de mandamientos bíblicos que fueron posteriormente enmendadas y expandidas por los decretos talmúdicos y rabínicos.

Algunos términos básicos

kosher: apropiado o aceptable. Aplicado a la comida, indica que esa comida es aceptable de acuerdo con las leyes dietéticas judías.

kashrut: el estatus de comida como kosher o no-kosher. Una organización de *kashrut* certifica que ciertos productos son kosher.

hejsher: la certificación rabínica de que un producto es kosher.

trefa o traif: el término usado para describir comida que no es kosher.[32] La palabra realmente significa estropeado, en referencia a un animal que ha sido dañado de una manera que lo vuelve inapropiado, como cuando tiene un pulmón perforado. Tipos prohibidos de animales, aves y pescados también están categorizados como *traif*.

nevelá: un animal o ave que murió de una manera que lo vuelve inapropiado, como cuando se le da muerte de una manera inapropiada o por enfermedad o simplemente por edad avanzada. El término es normalmente usado con referencia a especies kosher de animales.

estilo kosher: ciertos tipos de comidas tradicionales judías, tales como carne en conserva o salami al estilo kosher. El término no tiene relación con las leyes dietéticas judías. De hecho, cuando mire el término 'estilo kosher', particularmente referido a un restaurant, generalmente significa que la comida es *traif*. Hay excepciones. Pickles de estilo kosher podrían efectivamente ser kosher.

glatt kosher: un alto nivel de *kashrut*. *Glatt* es una palabra yidish que significa suave, indicando que los pulmones del animal degollado se encontraron libres de lesiones. Los judíos sefardíes usan el término *halak*, la palabra hebrea para suave.

parve: comida que no es ni cárnica ni láctea. Vegetales, frutas, granos son ejemplos de comida parve.

Animales kosher

La Torá nos da claros lineamientos sobre qué animales pueden ser consumidos. *"No comerás ninguna abominación. Estos son los animales que puedes comer: el buey, la oveja y la cabra; el carnero, el ciervo y el corzo, la cabra montés, el antílope, el búfalo y la gamuza.[33] Y entre los animales, podrás comer todos los animales que tienen pezuña partida, que está completamente separada en dos pezuñas, que rumia"*, (Deuteronomio 14:3-6).

Si un animal rumia su comida pero no tiene pezuñas partidas, como el camello, está prohibido. O si tiene pezuñas partidas pero no rumia su comida, como el cerdo, también está prohibido. Para que sea de una especie kosher, el animal debe cumplir ambas señales. Todos los demás animales con impuros y prohibidos.[34]

Es importante señalar que ninguno de los animales designados como kosher es un predador. En términos prácticos, la única carne roja kosher que está disponible comercialmente es la res y el cordero y, de vez en cuando, la cabra (cabrito).[35]

Con el propósito de que sea kosher, un animal requiere *shejita* (faenamiento ritualmente correcto). Un cuchillo afiladísimo es usado por un *shojet* altamente entrenado para cortar el esófago y la tráquea. Si el cuchillo tiene la más pequeña imperfección en la hoja, la *shejita* no es kosher. *Shejita* es la forma más humana de faenamiento. El animal no siente la hoja del cuchillo afilado y la sangre corre desde el cerebro dejándolo inconciente de forma instantánea.

---

[32]El término verdadero es *trefa*, pero nadie parecería usarlo.

[33]Todas estas especies están en las familias del ganado o de los ciervos o de los antílopes.

[34]Impuro no quiere decir que es malvado o indigno, simplemente significa que no debe ser ingerido.

[35]Si puedes encontrar girafa rostizada, ve por ello, y envíanos la receta.

Literalmente no hay sufrimiento más allá del estrés y agitación de ser llevado al lugar de faenamiento.

Después que el animal es sacrificado, sus entrañas son revisadas por señales que pudieran transformarlo en *traif.*

El nervio ciático es removido.[36] También ciertas grasas llamadas *jelev* son removidas.

Finalmente, la sangre es removida mediante remojo y salado de la carne o rostizándola con llama abierta. Hoy en día, la mayoría de la carne expendida comercialmente tiene la sangre removida por la planta de procesamiento o por el carnicero. Pero alguna carne empaquetada es todavía vendida que deja en manos del comprador la tarea de *kosherización.* La carne empaquetada que ha sido remojada y salada es etiquetada como *mujshar* (*kosherizada*).

Aves kosher

La Torá nos dice que podemos comer cualquier especie de ave que es *tahor* (espiritualmente limpia). Entonces nombra veinticuatro especies que no deben ser consumidas - desde el buitre hasta hasta el murciélago.[37] Presumiblemente, todas las otras especies de aves son kosher.

Sin embargo, debido al exilio y a la dispersión hacia todos los rincones de la tierra, hemos perdido el conocimiento preciso de muchas de las especies puras o impuras de aves. Por tanto, la costumbre prevalente es comer solamente aves con una tradición bien establecida de ser kosher. Las aves aceptadas como kosher son pollo, palomino, paloma, pato doméstico, ganso doméstico, faisán y codorniz. El pavo es la única especie de ave que es aceptada como kosher sin una tradición clara. Por esta razón, hay algunos judíos observantes que no comen pavo.

Ninguna de las especies de ave son predadores, a pesar de que los pollos quedan cerca. ¡Simplemente mire lo que sucede si un ratón ronda en un gallinero!

Las aves deben ser faenadas ritualmente. Las plumas y las vísceras son removidas y la sangre es drenada mediante remojo y salado o rostizando sobre una llama.

Pescado kosher

La Torá nos da señales para determinar que peces son kosher. "*Estos podrás comer de todos los que están en las aguas: lo que tenga aletas y escamas en las aguas, en los mares y en los ríos, estos podrás comer*", (Levítico 11:9).

La mayoría de especies de pescado que se venden en el mercado tienen aletas y escamas, pero unos cuantos no. El bagre no tiene escamas y es, por tanto, *traif.* Mariscos como langostas, camarones, almejas, ostiones, cangrejos y vieiras son no-kosher. Para que un pescado sea kosher, las escamas deben ser del tipo que es fácil de remover. El esturión no es kosher porque tiene escamas blindadas que están pegadas permanentemente al cuerpo. Esto significa que el caviar, que son las huevas del esturión, no es kosher.

El pescado no necesita un faenamiento ritual y la sangre del pescado puede ser ingerida.

Insectos kosher

Todos los insectos son *traif* con la siguiente excepción, "*Únicamente esto podréis comer de entre todos los insectos alados que caminan sobre cuatro patas: el que tiene patas para saltar encima de las patas, con las que salta sobre la tierra. De entre ellos podréis comer estos; las langostas rojas (*arbé), *según su especie; las langostas amarillas (*sal'am*), *según su especie; las langostas con manchas grises (*chargol*), *según su especie, y las langostas blancas (*chagav*), según su especie*", (Levítico 11:21,22).

---

[36]Esto es llamado *nikkur* o, en yidish, *trayber.* Hacerlo correctamente requiere habilidad. Para evitar problemas, la costumbre prevalente (al menos entre los ashkenazim) es usar carne solamente de los cuartos delanteros una vez que el nervio ciático se encuentra en los cuartos traseros. En Israel hoy en día, más carniceros están más dispuestos a practicar *trayber* que fuera del país.

[37]Los nombres de las aves impuras son presentados en dos lugares en la Torá, Levítico 11:13-18 y Deuteronomio 14:11-20.

Estas criaturas son cuatro tipos de langosta. Los judíos yemenitas tiene una tradición sobre cuáles son permisibles. Por tanto, estas especies de langostas son kosher para los judíos yemenitas.[38] De acuerdo a la tradición yemenita, las langostas rojas son *arbé*, las langostas amarillas son *sal'am*, las langostas con manchas grises son *chargol* y las langostas blancas son *chagav*.

¿Cuál es el sabor de estas langostas? Bien, ninguna comida kosher tiene mal sabor, así que las langostas no deberían ser la excepción.[39] Pregúntele a un yemenita.

Sangre

La Torá nos permite comer carne animal, pero los israelitas tienen prohibido comer sangre y se requiere que traten la sangre de un animal faenado con respeto.

Comer sangre contamina el alma aún más que comer cerdo. Una de las directivas entregadas a Noaj después del Diluvio, dice, (Génesis 9:4), *"Pero la carne con su vida, que es su sangre, no comerás"*. Esta no es una prohición de comer sangre, sino de comer carne de un animal que está vivo, i.e., *aiver min hajai* (el miembro de un animal vivo). La manera en que el mandamiento es enunciado demuestra la cercana relación entre la fuerza de vida del animal y su sangre.

En el Monte Sinaí fue declarado con un lenguaje más fuerte, (Deuteronomio 12:23), *"Se cuidadoso de manera que no comas la sangre, porque la sangre es la vida y no comerás la vida con la carne"*.

Como respeto hacia la santidad de la vida, cuando aves o animales kosher[40] son faenados, su sangre es cubierta con tierra, como dice, (Levítico 17:13), *"Y derramarás su sangre y la cubrirás con tierra"*.

Rabenu Bajye ofrece una razón filosófica para la prohibición de comer sangre: *"La sangre representa la vida animal y es impropio que nosotros mezclemos esa naturaleza con nuestra naturaleza. Se nos ordenó hacer de nuestra naturaleza gentil y misericordiosa, no cruel. Si comiéramos sangre, nuestras almas se elevarían a la crueldad o tosquedad de la naturaleza como el alma de la bestia"*.[41]

Se nos instruye que hagamos una distinción entre animales que devoran a su presa con su sangre, y el hombre que se supone debe ser gentil y misericordioso. Por tanto, tenemos cuidado de que el alma del hombre no se contamine al consumir sangre animal.

Fruta y vegetales

Toda fruta y vegetal es esencialmente kosher.[42] Pero uno debe chequear cuidadosamente si el producto contiene lombrices, gorgojos, ácaros, trips, larvas de polilla, moscas pequeñas e incontables bichos que aman tanto la fruta y los vegetales como nostros lo hacemos. Infestación de bichos es un problema común con fruta, nueces, granos, frijoles y vegetales de toda clase. Quienquiera que guarde kosher está obligado a inspeccionar la fruta y los vegetales antes de comerlos.

Comer insectos, aún inadvertidamente, es un serio problema, porque dice (Levítico 11:43), *"No hagan vuestras almas detestables al comer criaturas pululantes y no se contaminen a sí mismos con estas y se vuelvan impuros por ellas"*.

---

[38]Personas que son huéspedes de judíos yemenitas tienen permitido confiar en su tradición. Así que la siguiente vez que visite Yemen, no se pierda esta gran oportunidad culinaria.

[39]El pueblo chino rostiza langostas hasta secarlas y las come como bocadillos como maní.

[40]Esto se refiere específicamente a animales no domésticos, como ciervos y antílopes.

[41]Comentario a Levítico 16:11. Bajye ben Asher, conocido como Rabenu Bajye (circa 1250 - 1340), escribió un comentario sobre las Escrituras Hebreas y es notorio por introducir la Kabalá en el estudio de la Torá.

[42]Frutas y vegetales cultivados dentro de la tierra de Israel tienen un número de restricciones, como diezmos obligatorios y productos del Año Sabático. Estos temas quedan por fuera del alcance de este libro. Cualquier tratado comprensivo sobre *kashrut* incluirá estos tópicos y una búsqueda de internet revelará también la información pertinente.

No toda comida necesita revisarse. Algunas son conocidas por ser limpias. Manzanas, plátanos, naranjas,[43] por ejemplo, son generalmente limpias y no requieren revisión excepto por ese gusano ocasional en una manzana.[44]

Higos y dátiles secos, por otro lado, deben ser abiertos uno a uno y revisados muy cuidadosamente porque pequeños gusanos, escarabajos o ácaros son encontrados a menudo en su interior. Arroz, cebada y otros granos requieren revisión, particularmente si han sido almacenados por largo tiempo. Vegetales de hoja podrían tener pequeños insectos sobre ellos que son del mismo color que las hojas.

Lo que complica más la situación es que varios tipos de fruta o vegetales o granos pueden cambiar de estación en estación y dependiendo de la zona geográfica.

Un amigo nuestro nos comentó sobre una experiencia que tuvo cuando pasó un año en Chicago, donde el Rabino Ortodoxo había determinado oficialmente que la arina comercializada en empaque estaba libre de bichos y no requería una revisión adicional. Este amigo y su esposa estaban recién llegados a Chicago desde Los Ángeles, donde la costumbre era revisar la arina por bichos y gusanos al pasarla por un fino tamiz. La esposa de mi amigo simplemente mantuvo su rutina habitual, aun en Chicago. Cada viernes antes de hornear la *jalá* para Shabat, tamizaba la harina y cada semana encontraba unos cuantos gusanos dorados que quedaban en el tamiz. Cuando ella comentó esto durante una clase que tomaba, el rabino que daba la clase, quien era uno de los principales expertos en kashrut de Chicago, casi se desmaya. La situación con la arina empacada había cambiado y nadie lo sabía.

Buscar bichos puede ser un proceso desalentador, que puede ir desde una revisión visual de arroz y otros granos hasta enjuagar vigorosamente vegetales con agua corriente para remojarlos en una solución de vinagre diluido y revisar si algún bicho quedó en el tubo.

En lo personal, comer insectos es aún peor que comer carne *traif*. Cuando alguien come un insecto, la persona generalmente come la criatura entera, en tanto que con la carne *traif*, sólo una porción pequeña de la criatura prohibida es consumida. Alguien que come fresas sin revisión o lechuga romana u otras frutas infestadas puede consumir muchos insectos en una sola sesión.

Separación de cárnicos y lácteos

En tres versículos separados,[45] la Torá nos dice *no cocinar un cabrito en la leche de su madre*. Esto fue interpretado por los sabios de manera que incluye tres prohibiciones separadas:

1. No cocinar juntos carne y productos lácteos.
2. No comer carne y productos lácteos que fueron cocinados juntos.
3. No beneficiarse de carne y productos lácteos que fueron cocinados juntos (como alimentar con esto a una mascota).

Posteriormente, los Rabinos enmendaron y extendieron estas tres prohibiciones para incluir carne y productos lácteos aun si no fueron cocinados juntos. Y entonces nuevamente ajustaron las cosas para incluir aves de corral.[46] Y entonces una vez más enmendaron la norma para requerir que se esperaran seis horas entre una comida de carne y una comida con lácteos.

Hoy en día, un hogar estrictamente kosher tendrá al menos dos juegos de vajilla y ollas, uno para los cárnicos y otro para los lácteos, así como dos juegos de platos y cubiertos, dos hornos y a menudo dos lavaplatos, y algunos tendrán dos juegos de toallas y dos conjuntos de manteles.[47]

---

[43]Un insecto pequeño llamado "escama" es amenudo encontrado en cácaras de naranja.

[44]El chiste dice así: ¿Qué es peor que encontrarse un gusano en una manzana? Encontrar la mitad de un gusano en una manzana.

[45]Éxodo 23:19, Éxodo 34:26, Deuteronomio 14:21.

[46]Aun cuando, hasta donde sabemos, los pollos no dan leche. Por tanto, no es probable que uno pudiera cocinar un polluelo en la leche de la gallina. Prohibir aves de corral con productos lácteos es una barrera para protegerle a usted de comer carne roja con lácteos.

[47]Algunas personas tienen un tercer conjunto para *parve*, i.e., comidas que no son ni cárnicos ni lácteos. Y, por supuesto, en Pascua todos tienen dos conjuntos adicionales de todo. Se ha vuelto tan complicado que muchos judíos

Considere esto: si una ama de casa judía ortodoxa prueba una cucharada de sopa de pollo, no podrá tomar un sorbo de leche durante seis horas. ¿Es esto histeria general? ¿Qué está sucediendo aquí?

El hecho es que cocinar un cabrito en la leche de su madre no tiene que ver realmente con cocinar o comer carne y leche juntos. Tiene que ver con idolatría. Esa es la razón para el comportamiento aparentemente obsesivo.

El acto de cocinar un cabrito en la leche de su madre era un rito de fertilidad de los antiguos canaanitas [48] quienes creían que sus dioses controlaban la reproducción del hombre, de la bestia y del grano. Para ganar favor de los dioses, los canaanitas realizaban este sacrificio pagano en la época de cocecha. Por tanto, la Torá prohibió cocinar un cabrito en la leche de su madre tres veces separadas para mantener al pueblo judío lejos de esos rituales idolátricos.

El resultado era que, para el judío, mezclar carne y leche se volvió el símbolo principal de la brutalidad pagana y de la veneración idolátrica.[49] ¿Qué podría ser más perverso que matar una madre y a su bebé y cocinar al bebé en la mismísima leche que se suponía debía nutrirlo?

Así que cuando se trata de guardar kosher, las hamburguesas de queso, las pizzas de peperoni, carne stroganoff y pollo Kiev están estrictamente fuera de los límites.

La pregunta es: ¿cuán exigente debería ser uno cuando se trata de separar carne y leche?

Abraham fue el primer Patriarca de los judíos y de los *guerim*. Todas las familias de la tierra son bendecidas a través de él. Él fue un gigante espiritual que recibió la aprobación sin reservas de Dios. La tradición oral enseña que Abraham guardó la Torá aun antes de que fuera entregada en el Monte Sinaí. Y sin embargo, vemos que Abraham sirvió carne y leche en la misma comida, como dice (Génesis 18:8), "*Y tomó mantequilla y leche y la ternera que había preparado y lo dispuso delante de ellos*". Ningún rabino ortodoxo permitiría eso hoy en día.

Poner pollo y otras aves de corral en la categoría de carne roja fue desconocido hasta el tiempo de la *Mishná*.[50] Y la práctica de esperar un período extendido de tiempo entre comidas cárnicas y lácteas se originó varios cientos de años después de eso.

En lo que respecta a la práctica de esperar entre una comida y la siguiente,[51] hay cuatro costumbres básicas. La costumbre prevalente es la de esperar seis horas.[52] Los judíos alemanes esperan tres horas. Los judíos de Holanda esperan una hora. Los *Baalei Tosefot*[53] sostenían que una persona que una persona podía terminar una comida cárnica, dar las gracias después de la comida, y entonces empezar la comida láctea sin espera alguna.

Puesto que la separación de carne y leche es uno de los apectos más distintivos de las leyes dietéticas judías, a quienquiera que guarde kosher se le recomienda tomarlo con seriedad. Cuan serio, depende de la sensibilidad del individuo. Sobre todo, una persona temerosa de Dios debería mantenerse conciente del hecho de que separar la carne y la leche realmente tiene que ver con rechazar la idolatría. Es fácil perder de vista esto y separar la carne de la leche mecánicamente, sin conciencia de significado espiritual alguno.

Las actividades diarias de comer y beber pueden elevar elevar o hacer descender a una persona. El ser humano puede comer como un perro o como un ser humano hecho a la imagen de Dios. El refinamiento que resulta de guardar kosher se manifiesta sobre el cuerpo y el alma,

---

ortodoxos comen exclusivamente o con mucha frecuencia en menaje de plástico desechable.

[48]Enciclopedia Larousse de Mitología, pp. 77-79.

[49]Si la Torá hubiera sido entregada en este milenio, separar hostias y vino podría haber reemplazado a la carne y leche como el principal símbolo de idolatría pagana.

[50]Circa 180 EC, aproximadamente 1500 años después de la entrega de la Torá en el Monte Sinaí.

[51]Esperar entre comidas es necesario únicamente si la comida cárnica es la primera. Si la primera comida es láctea, enjuagarse la boca profundamente es suficiente a menos que se haya comido queso duro, como el Emmenthal Suizo o algunos quesos cheddar madurados. Es importante señalar que Abraham sirvió la mantequilla y la leche antes de la carne.

[52]De acuerdo al *Rambam*, este es el tiempo que le toma a la carne que se queda entre los dientes nulificarse.

[53]Los *Baalei Tosefot* eran eruditos talmúdicos en Francia y Alemania durante los siglos 12 y 13.

sobre los huesos, los tendones, la carne, la piel y la médula ósea. Afecta los pensamientos, habla y actividades de una persona y determina el grado de luz Divina que emana de su interior. La esencia de la Torá está en tomar aquello que es mundano y elevarlo a la santidad. Nada concreta más esto que guardar kosher.

Todas las cosas consideradas, un *guer noájida* no está ligado por obligación a observar las leyes dietéticas judías, más allá de abstenerse de comer el miebro de un animal vivo. Pero si elige hacer más que esto, las observancias deben ser tomadas seriamente, no como un juego de necendido y apagado, comiendo *glatt* kosher un día y jamón y queso al siguiente. Igualmente importante, para ser realmente observante es necesario **observar las propias observancias**, manteniéndose conciente de ellas y ejecutándolas con amor y gozo. La palabra hebrea para esta atención plena es *kavana*, que significa tanto enfoque como devoción. Todo depende de la *kavana*. Con la *kavana* correcta, una persona puede caminar a través de un muro o volar en el aire. O comer como un ser humano.

* * * *

"No sólo del pan vive el hombre, sino que de todo lo que emana de la boca de Dios", (Deuteronomio 8:3). El significado simple aquí es que el hombre no está vivo si está inmerso solo en lo físico. Debe entrar también en el reino espiritual para ser considerado vivo, porque es imposible sostener un gramos de sabiduría en una cuchara.

No es el pan físico el que sustenta a una persona en la vida. La palabra de Dios es la fuerza de vida inmersa en el pan lo que sostiene a una persona en la vida.[54]

---

[54]El alma está conectada al cuerpo en virtud de la comida y la bebida. Se deja de comer y beber y el alma parte.

9. Epílogo

Guer - El cuarto estatus en Israel

En el Seder de Pascua, tres piezas de matzá son colocadas una encima de la otra sobre el plato del Seder. Estas representan los tres estatus de la nación de Israel. La pieza superior de matzá representa al kohen, la pieza del medio al levita, y la pieza inferior al israelita.

Cuando empieza el Seder, la pieza del medio, el levita, es rota en dos piezas. Una pieza es regresada al plato del Seder entre el kohen y el israelita. La otra pieza es escondida hasta el fin de la comida como el *afikoman*, el postre. Esta pieza rota de matzá representa el cuarto estatus en Israel - el *guer*.

La verdad del *guer* ha estado escondida por más de 2500 años, desde la destrucción del Primer Templo. Será completamente develada únicamente cuando el Tercer Templo sea construido de acuerdo con la profecía de Ezekiel.[1]

En ese Templo, durante el festival de Sukot que sigue a un Año Sabático, todo Israel recibirá la orden de venir y escuchar leer al rey de la Casa de David el libro de Deuteronomio, como dice (Deuteronomio 31:10-12):

Moisés les ordenó, diciendo:

"Al cabo de siete años, en la época del año Sabático, durante la fiesta de Sucot,

cuando todo Israel viene a presentarse ante el Señor, tu Dios,

en el lugar que Él ha de elegir,

leerás esta Torá ante los oídos de todo Israel.

Reúne al pueblo, a los hombres, las mujeres, los niños pequeños

*y al **guer dentro de tus puertas**,*

para que oigan y para que aprendan, y teman a Dios, tu Dios,

y sean precavidos de cumplir con todas las palabras de esta Torá".

Allí, en el Santo Templo delante del Señor nuestro Dios, **el *guer* noájida recibe la orden de aprender la Torá entera y de observar todas las mitzvot**. Allí, en el Santo Templo delante del Señor nuestro Dios, **el *guer* es establecido y confirmado como el cuarto estatus, una parte integral de "todo Israel"**.

Por tanto, no importa que camino está atravesando el *guer*, lo guía al Templo. Y cuando el Templo esté en el mundo, el mundo del *guer* estará *shalem*, completo.

---

[1] El Libro de Ezekiel, capítulos 40-48.

Ahora bien, ¿qué pasa con la primera pieza de matzá, el levita, que fue regresada a su lugar sobre plato de Seder entre el kohen y el israelita?

Dios separó a los levitas del resto de los Hijos de Israel para que pudieran ministrarLo en el Templo[2] y que enseñaran al pueblo la senda de Dios, como dice (2 Crónicas 35:3), "*Y él (Rey Iosiá) habló a los levitas quienes enseñan sabiduría a todo Israel y quienes son santos ante el Señor*".

Aquellos que reten la autoridad del levita serán derribados, como Moisés dijo en su bendición a la tribu de Leví, "*Bendice, oh Señor, sus recursos, y favorece la obra de sus manos, aplasta el lomo de sus enemigos y sus oponentes, para que no se levanten*", (Deuteronomio 33:11).

Los levitas son la guardia de elite y el círculo interior del Señor,[3] como dice (Números 18:20), "*Soy su porción y su herencia*".

Al respecto, el *Rambam*[4] nos presenta una enseñanza brillante y sorprendente:

El estatus de levita no está limitado a quien efectivamente nació levita.
Más bien, pertenece a quienquiera en el mundo cuyo espíritu lo mueva a conocer al Señor
y a apartarse a sí mismo para servirLo y ministrarLo,
para caminar erguido como el Señor lo dirige,
y para deshacerse del yugo de materialismo que la humanidad soporta.
He aquí, tal persona es santificada y santa de santas;
el Señor será su porción y heredad para siempre.
Ameritará amplio sustento en este mundo,
como sucedió con los *kohanim* y los *leviim* en tiempos pasados.
Respecto a esto, el Rey David, un israelita no un levita, dijo,
"*Hashem es mi porción y mi heredad; Tú eres mi guía y mi destino*".[5]

Sobre todo, un levita es un levita debido a que pone su confianza en nada más que en Dios Mismo, como dice, "*En ningún hombre pongo mi confianza, ni de ángel alguno dependo, sólo en el Dios en los Cielos Quien es el Dios de verdad, cuya Torá es verdad y Cuyos profetas son verdaderos, y Quien actúa generosamente con benevolencia y verdad. en Él yo confío y a su glorioso y santo Nombre yo elevo mis alabanzas*".[6]

Así que, hermano *guer* y hermana *guioret*, tienes una invitación escrita para entrar al Reino de Dios. Y así es como la invitación se lee: "*Y yo bendeciré a aquellos que te bendigan y a quien te maldiga Yo lo maldeciré; y en ti serán bendecidas todas las familias de la tierra*", (Génesis 12:2,3).

* * * *

Sin fin.

---

[2]Los kohanim son también de la tribu de Leví, y algunas veces son llamados levitas en la Torá.
[3]Mishné Torá, Leyes del Año de Jubileo, 13:10.
[4]Mishné Torá, Leyes del Año de Jubileo, 13:13.
[5]Salmos 16:5.
[6]Zohar II, Vayakhel 206a.

Génesis 15:13

Y le dijo a Abram: "Por cierto has de saber que tus descendientes serán *guerim* en tierra ajena, y a ellos los esclavizarán y oprimirán durante cuatrocientos años".

Génesis 23:4

Se levantó Abraham de la presencia de su muerto y habló a los hijos de Jet, diciendo: "*Guer* y *Toshav* (residente) soy entre ustedes; concédanme una propiedad para sepultura entre ustedes para que entierre a mi muerto que está ante mí".

Éxodo 2:22

Y (ella) dió a luz a un hijo y él (Moisés) lo llamó Guershom, pues dijo: "*guer* he sido en una tierra extraña".

Éxodo 12:19

Durante siete días, levadura no podrá hallarse en sus casas, pues todo el que coma leudo, esa alma será cortada de la congregación de Israel, tanto el *guer* como el nativo de la tierra.

Éxodo 12:48

Cuando resida contigo un *guer*, hará la ofrenda de Pascua para Hashem; será circuncidado cada uno de sus varones, y entonces podrá acercarse a realizarla y será entonce como el nativo de la tierra; ningún varón incircunciso podrá comer de ella.

Éxodo 18:3

Y a sus dos hijos, de los cuales uno se llamaba Guershom, pues él (Moisés) había dicho: "*Guer* fui en una tierra extraña".

Éxodo 20:10

Pero el séptimo día es Shabat para el Señor, tu Dios; no harás ningún trabajo - tú, tu hijo, tu hija, tu siervo, tu sierva, tu animal y tu *guer* dentro de tus portones.

Éxodo 22:20

Al *guer* no habrás de acosar ni de oprimir, pues *guerim* fueron en la tierra de Egipto.

Éxodo 23:9

Al *guer* no oprimirás; ustedes conocen los entimientos del *guer*, pues *guerim* han sido en la tierra de Egipto.

Éxodo 23:12

Seis días llevarás a cabo tus actividades y en el séptimo día te abstendrás, para que se satisfaga tu buey y tu asno, y recobren fuerzas el hijo de tu esclava y el *guer*.

Levítico 16:29

(Yom Kipur) Será para ustedes un decreto eterno: en el mes séptimo, en el (día) décimo del mes, afligirán sus almas y ninguna labor realizarán, ni el oriundo ni el *guer* que reside entre ustedes.

Levítico 17:8

Y a ellos dirás: Todo hombre de la Casa de Israel y del *guer* que reside entre ustedes que ofreciere una ofrenda ígnea o una ofrenda festiva, y que a la entrada de la Tienda de Reunión no la trajese para realizarla [como] su ofrenda ante Hashem, será separado tal hombre de su pueblo.

Levítico 17:10

Y todo hombre de la Casa de Israel y del *guer* que reside entre ellos y que consumiere toda sangre, concentraré Mi atención sobre el alma que consumiere la sangre, y la separaré del seno de su pueblo.

Levítico 18:26

Salvaguardarán ustedes Mis decretos y Mis juicios y no harán ninguna de tales abominaciones (sexuales), ni el oriundo ni el *guer* que reside entre ustedes.

Levítico 19:33

Si morara contigo un *guer* en la tierra de ustedes, no te mofarás de él; no le harás mal.

Levítico 19:34

Como oriundo propio será para ustedes el *guer* que morá con ustedes, y lo amarás como a tí mismo puesto que *guerim* fueron en la tierra de Egipto; Yo soy Hashem, su Dios.

Levítico 20:2

A los Hijos de Israel dirás: Todo hombre de los Hijos de Israel y del *guer* que reside en Israel que dé de su simiente al (falso dios) Molej ciertamente morirá; el pueblo de la tierra lo lapidará con piedras.

Levítico 22:18,19

Habla a Aarón y a sus hijos y a todos los Hijos de Israel, diciéndoles: Todo hombre de la Casa de Israel y del *guer* entre Israel que ofrende su ofrenda por todos sus votos, o sus ofrendas voluntarias que ofrendan a Hashem como ofrenda ígnea, para que les sea favorable [será] sin defectos, macho, del ganado vacuno, del ganado ovino o del ganado caprino.

Levítico 24:16

Quien pronuncie en blasfemia el Nombre de Hashem morirá, lo lapidará toda la congregación, ya sea *guer* u oriundo; si blasfemó el Nombre, morirá.

Levítico 25:23

La tierra no venderán en perpetuidad, porque Mía es la Tierra, pues *guerim* y residentes son ustedes ante Mí.

Levítico 25:47,48

Si los medios de un *guer* que vive entre ustedes fueren suficientes, y vuestro hermano se empobrece con él y es vendido a un *Guer Toshav*, o a un culo idolátrico de la familia del *guer*, después de ser vendido podrá ser redimido.

Números 9:14

Cuando resida con ustedes un *guer* y haga la ofrenda de Pascua a Hashem, conforme al decreto de la ofrenda de Pascua y su ley así la hará; un decreto único habrá para ustedes, para el *guer* y para el oriundo de la tierra.

Números 15:14

Y cuando resida con ustedes un *guer*, o quien esté en su seno a lo largo de sus generaciones, y haga una ofrenda ígnea como aroma agradable a Hashem, como ustedes hagan, así hará.

Números 15:15

Para la conmunidad, un decreto idéntico habrá para ustedes y para el *guer* residente: un decreto eterno para sus generaciones; tanto para ustedes como para el *guer* aplicará ante Hashem.

Números 15:16

Una enseñanza única y una ley única habrá para ustedes y para el *guer* que reside entre ustedes.

Números 19:10

Y sumergirá quien reunió la ceniza de la vaca (roja) sus vestimentas y permanecerá contaminado hasta el anochecer, y será para los Hijos de Israel y para el *guer* que reside entre ellos un decreto eterno.

Números 35:15

Para los Hijos de Israel y el *guer*, y el residente en su seno, estas seis ciudades serán de asilo para que huya allí todo aquel que dió muerte a una persona accidentalmente.

Deuteronomio 5:13,14

Seis días trabajarás y harás toda tu obra; pero el séptimo día es Shabat para Hashem, tu Dios; no harás ninguna labor: ni tú, ni tu hijo, ni tu hija, ni tu esclavo, ni tu sierva, ni tu toro, ni tu burro, ni ningún animal tuyo, ni el *guer* dentro de tus ciudades, para que descansen tu siervo y tu sierva como tú.

Deuteronomio 10:18

(Dios) Hace justicia al huérfano y la viuda, y ama al *guer* para darle pan y vestimenta.

Deuteronomio 14:21

No comerán nada que haya muerto por sí mismo; al *guer* que está en tus ciudades lo darás para que lo coma, o lo venderás a un *nojri* (extraño), porque pueblo sagrado eres para Hashem, tu Dios; no cocinarás un cabrito en la leche de su madre.

Deuteronomio 23:8

No rechazarás a un edomita porque tu hermano es él, no rechazarás a un egipcio porque *guer* fuiste en su tierra.

Deuteronomio 24:14

No engañarás a un trabajador contratado pobre o indigente entre tus hermanos, a un *guer* que está en tu Tierra, o uno que está en tus ciudades.

Deuteronomio 24:17

No pervertirás el juicio de un *guer* o huérfano y no tomarás en prenda la ropa de una viuda.

Deuteronomio 26:11

Te alegrará con toda la bondad que te dió Hashem, tu Dios, y a tu hogar - tú y el levita y el *guer* que se encuentra en tu seno.

Deuteronomio 26:12

Cuando termines de diezmar cada diezmo de tu cosecha en el año tercero, el año del diezmo, se lo darás al levita, al *guer*, al huérfano y a la viuda, y comerán en tus ciudades y se saciarán.

Deuteronomio 27:19

Maldito es quien tuerce el juicio de un *guer*, huérfano o viuda. Y dirá todo el pueblo 'Amén'.

Deuteronomio 28:43

El *guer* que se encuentre en tu seno se encumbrará sobre tí, cada vez más alto, y tu descenderás cada vez más bajo. Él te dará en préstamo, mas tú no le prestarás; él será cabeza, mas tú serás cola.

Deuteronomio 29:9,10

Ustedes están de pié hoy, todos ustedes, delante de Hashem, su Dios: los jefes de sus tribus, sus ancianos y sus oficiales - todos los hombres de Israel -; sus niños pequeños, sus mujeres y el *guer* que está en el seno de tu campamento, desde el que corta tu leña hasta el que extrae tu agua.

Deuteronomio 31:12

Congrega a todo el pueblo, a los hombres, a las mujeres y a los niños pequeños, y a tu *guer* (que habita) en tus ciudades, a fin de que escuchen y a fin de que aprendan y teman a Hashem, su Dios, y se cuiden de cumplir con todas las palabras de esta Torá.

Isaías 14:1

Porque el Señor tendrá misericordia de Jacob, nuevamente elegirá a Israel, y los pondrá en su tierra, y el *guer* los acompañará, y serán añadidos a la Casa de Jacob.

Glosario de términos

acum: idólatra
agadot: relatos y parábolas de la Torá
Ain Tejila: sin comienzo
aiver min hajai: miembro de un animal vivo
aravot: ramas de sauce; el séptimo cielo
aron: caja; el Arca de Santidad
Ashkenazim: Judíos de Alemania o de Europa Oriental
Assiá: Mundo de Acción
Atzilut: Mundo de Emanación
avatar: manifestación de una deidad; asociada con idolatría
avodá zará: idolatría; veneración impropia
b'ezrat Hashem: con la ayuda de Dios
B'nai Noaj: Hijos de Noaj
B'nai Yisrael: Hijos de Israel
B'nei Neviim: Escuela de Profetas en los días de Eliyá y Elisha
batei dinim: cortes rabínicas de ley
ben nejer: extranjero; no-judío (idéntico a nojri)
berajot: bendiciones
Beta Yisrael: judíos etíopes negros
Beth Rimmon: ídolo arameo
Briá: Mundo de la Creación; Mundo del Trono de Gloria
brit: pacto
brit milá: pacto de circuncisión
caporet: expiación; cubierta de oro del Arca de Santidad
Cordero de Paschal: sacrifico pascual comido la noche de Seder
davar: palabra; cosa
El: Dios; Nombre de Dios asociado con poder y bondad
Era Mesiánica: Era de la Redención Final
erev Shabat: día antes de Shabat
eshel: árbol de tamarisco
etrog: cidra; una de los cuatro tipos de plantas usadas en Sukot

Etz HaDaat: Árbol del Conocimiento
esraj: judío que nació como tal
Gan Eden: Jardín de Edén
Guehinnom: Purgatorio
guematría: valor numérico hebreo de palabras
Guer b'Shaareja: Noájida viviendo entre judíos
Guer Toshav: Noájida viviendo en Israel
Guer Tzedek: Judío converso; santamente gentil
Guerim: plural de judíos conversos o noájidas justos
gueulá: redención
guilui Shejiná: Revelación de Dios
Guioret: conversa o santamente mujer noájida
glatt: suave; alto nivel de carne kosher
gulgalta: cráneo; término usado para Keter (Corona) en Kabalá
hadassim: ramas de mirto (sing. hadas)
Hagadá: libro leído en el Seder de Pascua
halajá: ley judía de acuerdo a la tradición rabínica
halak: suave; alto nivel de kosher (lo mismo que glatt)
Hasid: persona pía; seguidor del Baal Shem Tov
Hasidei Umot HaOlam: Gentiles Píos
havdalá: ceremonia a la conclusión del Shabat
hejsher: certificación rabínica
jametz: pan leudado; comestibles con levadura
jayot: categoría de ángeles
jelev: ciertas grasas animales prohibidas
jen: gracia; misericordia
jumash: Cinco libros de Moisés
Kabalá: enseñanzas esotéricas de la Torá
Kabalista: Erudito de la Kabalá
kashrut: estatus de comida de acuerdo con la halajá
kavana: intención; enfoque
kavod: honor; gloria
kedushá: santidad
kelipot: cáscaras de impureza espiritual
Kenitas: descendientes de Yetro
Keter: la más alta Emanación Divina
ketoret: incienso del Santo Templo
kidush: santificación del Shabat sobre una copa de vino
kishuf: magia o hechicería
Kohanim: sacerdotes judíos
Kohen: sacerdote judío
kosher: apropiado, permisible
kasher: hacer que algo se vuelva kosher
kugel: quiché o pudín; usualmente fideos o papas
lejem mishné: dos hojas de pan en las comidas de Shabat
livuy: acompañamiento
lulav: hoja de palma; uno de los cuatro tipos de plantas usadas en Sukot
m'gaier: conversión como un judío
m'gaieret: femenino de m'gaier

Maljut: Reino; la décima Emanación Divina
maná: comida celestial consumida por Israel en el Desierto
Mashiaj: Mesías
matzá: pan sin levadura
mazal: destino; camino espiritual
melajá: trabajo; trabajo prohibido en Shabat
Menorá: candelabro de siete brazos en el Santo Templo
mesirat nefesh: autosacrificio
Metatrón: nombre de príncipe angélico
midrash: enseñanzas metafóricas de la Torá
mikra: accidente; mero acontecimiento
mikvá: piscina de inmersión ritual
Mishná: codificación primaria de la Tradición Oral
mitzvá: mandamiento; buena acción; pl. mitzvot
mizbeyaj: altar sacrificial
moror: hierbas amargas (comidas en el Seder de Pascua)
mujshar: carne que ha sido hecha kosher al remover la sangre
najas: satisfacción, placer, sentimiento de orgullo
najash: serpiente
najem: confort
nafash: refrescado, recuperado
Nasi Elohim: Príncipe de Dios
Nazareo: persona que hace votos de abstinencia de vino, etc.
nefesh: persona; aspecto inferior de un alma
neshamá: aspecto superior del alma (relacionado al intelecto)
nevelá: animal que murió de una forma no kosher
niglé: partes reveladas de la Torá (Escrituras, Ley Judía, etc.)
nikkur: extracción del nervio ciático
Noájida: Gentil que observa las Siete Leyes Universales
Guer Noájida: Gentil que observa las Siete Leyes Universales y toma observancia adicionales
    de la Torá
Nojri: Gentil que no ha tomado las siete Leyes Universales
ojel: comida
Ohr HaGanus: luz oculta de Dios
omer: medida de comida seca (2.114 litros)
oneg Shabat: experiencia placentera de Shabat (principalmente por la comida)
parve: comida que no es ni de carne ni láctea
querubín: categoría de ángeles; ángeles de oro en la parte superior del Arca de Santidad
Rafael: un arcángel, principalmente asociado con la sanación
ratzá: deseo; aceptar favorablemente
Rosh Hashaná: primer día del año nuevo judío
Ruaj Elohim: el espíritu de Dios
ruaj hakodesh: el espíritu de santidad; bajo nivel de profecía
sarim: ministros, refiriéndose a gente o ángeles
se'or: masa fermentada usada como un agente leudante
Sefardíes: Judíos de España; judíos orientales
Sefer Raziel: libro dado por un ángel a Adán, el primer hombre
Sefirot: Emanaciones Divinas mediante las cuales Dios dirige el mundo
Serafín: ángeles asociados con el Trono de Gloria

Shabat: día en el que Dios descansó de la creación; séptimo día de la semana; sábado

Shadai: Nombre de Dios

shamor: observar; proteger; observacia del Shabat

Shejiná: Presencia de Dios revelada

shejita: faenamiento kosher de animales para comida

shina: sueño, estupor

shojet: faenador ritual judío

shofar: cuerno de carnero

Shulján Aruj: Código de Ley Judía

sidur: libro de oraciones

Sivan: Tercer mes del año; mes en que la Torá fue entregada en el Monte Sinaí

Sukot: festividad judía celbrando la cosecha de cultivos; viviendas temporales durante la festividad de Sukot

Sulam: escalera; apelación a un prominente Kabalista

tajash: animal cuya piel estaba en el techo del Tabernáculo

tajara: purificación; pureza

tajor: puro; inocente

Talmud Torá: estudio de la Torá; escuela judía del día

teva: naturaleza (con letra Tet); Arca de Noaj (con letra Tav)

tikun: rectificación; perfeccionado

tohu: caos

Torá: Ley de Dios, instrucciones

Tradición Oral: explicaciones de la Torá Escrita

trefa: lit. estropeado; comida prohibida

trayber: término yidish para la remoción del nervio ciático

tzadik: persona justa; santo

tzadik yesod olam: persona justa como fundamento del mundo

tzedaká: justicia; caridad

tzitzit: cuerdas anudadas que están atadas a las cuatro esquinas de la vestimenta por orden de la Torá

Yah: Nombre de Dios

yeshivá: escuela para el aprendizaje de Torá

yetzer hará: inclinación hacia el mal de una persona

Yetzirá: formación; el mundo de los ángeles

YHVH: Nombre de Dios de Cuatro Letras

Yom Kippur: Día de Expiación

zajor: remembranza; observancia de Shabat

zaraath: lepra espiritual mandada por la Torá

zer: corona

Zión: lugar que marca la Presencia de Dios; Santo Templo, Jerusalén, Israel

Zohar: comentario kabalístico de la Torá, atribuido a Rebé Shimón bar Yojai y sus colegas

zuhama: impureza espiritual que entró en el alma del hombre después del pecado del Árbol del Conocimiento, y nuevamente después del pecado del Becerro de Oro

z"l: quiera él (o ella) ser recordado para una bendición

zy"a: quiera su merito protegernos

El Mundo del Guer presenta la dimensión interior de las Siete Leyes de los Hijos de Noaj. Estas son las parábolas, relatos, narrativas históricas y enseñanzas místicas que revelan la antigua herencia e identidad espiritual del Guer Noájida, el Gentil Justo que rechaza la idolatría y sigue la Torá.

En estas páginas, el lector se encontrará con grandes almas noájidas - Shem el hijo de Noaj, fundador de la primera *yeshivá* del mundo, cuyos estudiantes incluyen a Abraham, Isaac y Jacob; Yetro el venerable suegro de Moisés quien estableció el sistema judío de cortes judías; Aravna el rey jebusita quien vendió el Monte del Templo al Rey David en nombre de todo Israel; la Reina de Sheba quien atrajo a millones de sus súbditos para que observaran la Torá como gentiles justos.

El Mundo del Guer es una expresión de un nuevo despertar mundial en pos del Pacto de los Antiguos. Las naciones del mundo están siendo redimidas de 2000 años del exilio espiritual y redirigidas al camino de verdad que lleva a Jerusalén y al Santo Templo.

Rabí Chaim Clorfene es coautor de *El Camino del Gentil Justo*, el libro que presentó las Siete Leyes de Noaj en idioma inglés en 1987 y que sigue siendo una guía clásica sobre la materia. En *El Mundo del Guer*, Rabí Clorfene explora la sabiduría de los antiguos, la Torá primaria para el judío y para la búsqueda de iluminación del gentil en un mundo confundido por la obscuridad.

Rabí David Katz recibió su ordenación como Rabino Ortodoxo de Rabí Zalman Nehemiah Goldberg en Jerusalén y se ha constituido en un rabino líder para los noájidas con clases y artículos vistos y escuchados en todo el mundo.

Made in the USA
Coppell, TX
23 August 2020